# 护坡混凝土预制块
## 性能改良的研究及应用

陈芳　胡松涛　高江林　陈爱民　著

中国水利水电出版社
www.waterpub.com.cn
·北京·

## 内 容 提 要

库岸预制护坡工程是保障水库大坝、河流堤防等安全的重要屏障，然而防滑性能差、拼装易裂缝、垫层易淘空、风浪易爬高、铺设不美观等突出问题也对其运行安全性能提升与结构加固提出了更高的要求。

本书通过介绍传统混凝土预制块护坡病害统计及成因，研发了防滑护坡混凝土预制块，提出了护坡混凝土预制块侧面抗裂防滑键槽技术和砌缝砂浆改良技术，解决了护坡混凝土预制块消浪效果难衡量、防滑性能难检测和砌缝宽度控制无标准等技术问题，可有力推动库岸预制护坡工程安全提升、工程设计、施工建设、质量检测等方面的科技进步。

本书可供水利系统各设计单位以及从事水利工程规划、管理、施工、检测等专业人员使用，并可供大专院校相关专业师生参考。

图书在版编目（CIP）数据

护坡混凝土预制块性能改良的研究及应用 / 陈芳等著. -- 北京 : 中国水利水电出版社, 2021.9
ISBN 978-7-5170-9964-2

Ⅰ. ①护… Ⅱ. ①陈… Ⅲ. ①混凝土工程－护坡－研究 Ⅳ. ①U417.1

中国版本图书馆CIP数据核字(2021)第190048号

| | |
|---|---|
| 书　名 | **护坡混凝土预制块性能改良的研究及应用**<br>HUPO HUNNINGTU YUZHIKUAI XINGNENG GAILIANG DE YANJIU JI YINGYONG |
| 作　者 | 陈　芳　胡松涛　高江林　陈爱民　著 |
| 出版发行 | 中国水利水电出版社<br>（北京市海淀区玉渊潭南路1号D座　100038）<br>网址：www.waterpub.com.cn<br>E-mail：sales@waterpub.com.cn<br>电话：(010) 68367658（营销中心） |
| 经　售 | 北京科水图书销售中心（零售）<br>电话：(010) 88383994、63202643、68545874<br>全国各地新华书店和相关出版物销售网点 |
| 排　版 | 中国水利水电出版社微机排版中心 |
| 印　刷 | 清淞永业（天津）印刷有限公司 |
| 规　格 | 145mm×210mm　32开本　4.25印张　118千字 |
| 版　次 | 2021年9月第1版　2021年9月第1次印刷 |
| 印　数 | 0001—1000册 |
| 定　价 | **48.00**元 |

# 前　言

堤坝预制护坡工程能够维持护坡稳定，削弱水流对坡面冲刷作用，是保障水库大坝、河流堤防等安全的重要屏障。预制护坡工程因具有便于检测、易于铺设、方便组织、保障工期等优点而被广泛应用。据统计，我国已建水库9.8万余座，5级及以上江河堤防31.2万km，护坡防护大多采用六边形混凝土预制块。大量实践证明，库岸预制护坡工程存在防滑性能差、拼装易裂缝、垫层易淘空、风浪易爬高、铺设不美观等突出问题，而现有规范依据多从施工角度规定库岸预制护坡工程预制块外观尺寸、护坡厚度、垫层质量、反滤情况等要求及检测方法，对如何提升其防滑性、耐久性和消浪效果，减少涉坡人员伤亡、降低预制护坡破损率和工程造价，提升水利工程建设形象等仍属空白。

为破解预制护坡工程中存在的技术难题，自2016年以来，江西省水利科学院联合九江市水利工程管理站针对护坡混凝土预制块性能改良的研究及应用开展了系列研究，围绕防滑型预制块护坡成套技术、预制护坡砌缝和护岸结构加固技术、库岸预制护坡工程预制块消浪技术等方面取得了系列研究成果，并在江西省百余座堤防、水库、山塘、渠道等新建及加固项目中得到广泛应用，为完善库岸预制护坡工程预制块质量控制标准提供了重要技术支撑，有力推动了行业技术进步和经济社会的发展。

本书共分9章，详细介绍了传统护坡混凝土预制块改良与质量控制技术的主要研究内容，以及相关研究方法、过程和试验成果，以期更好地服务于水利工程建设需要，为广大工程技术及科研人员提供参考。

本书由江西省水利科学院陈芳、胡松涛、高江林和九江市水利局陈爱民共同完成。借本书出版的机会，感谢为本书第7章内容提供砌缝材料宏微观试验支持的江西省水利科学院邹晨阳和刘达博士，感谢为本书第5章内容提供抑浪护坡物理模型试验支持的江西省水利科学院熊焕淮教高和南昌大学李火坤教授，感谢为本书第6章内容提供波浪水槽中连续造波方法支持的哈尔滨工业大学（威海）方庆贺博士，感谢为本书第3章内容提供结构设计支持的江西省水利科学院孙军红，一并感谢参与本项目的江西省水利科学院李焱、吴永风、戴国强、王剑、谢为江、熊俊。本书的出版得到了江西省水利科技项目（项目编号：KT201645）、江西省水工安全工程技术研究中心开放研究基金项目（项目编号：2020GGCZX05）的资助，在此一并表示衷心的感谢！

由于编者水平有限，错漏之处在所难免，敬请读者批评指正。

**作者**

2021年2月

# 目 录

# 1 概述

## 1.1 护坡工程的发展与现状

自 1949 年以来，我国进行大规模水利建设，已建成水库 9.8 万余座，5 级及以上江河堤防 31.2 万 km。护坡工程防护措施的主要目的是防止水库大坝和堤防被水流冲刷和被风浪侵蚀，护坡工程质量影响到坝体主体工程和堤防安全。目前，大坝与堤防的护坡方式很多，通常采用混凝土、干砌石、浆砌石、模装混凝土、草皮等不同材料的护坡，用以提高抗冲、消浪、抗渗能力。其中，护坡混凝土预制块因易于铺设、便于检测等诸多优点而被广泛应用，但仍不可避免受浪击、冰冻等自然因素和人为因素影响，混凝土预制块护坡工程容易遭到破坏。大量工程实践表明，传统护坡混凝土预制块仍然有许多亟待解决的问题：一是防滑性能差，传统的预制块表面光滑，未设置任何防滑措施，在护坡上进行施工、抢险、维修养护的工作人员和在周边玩耍的小孩易滑倒甚至跌落水库溺亡；二是拼装易裂缝，传统的预制块侧面因平滑导致填筑的砂浆黏合力弱，从而产生拼装裂缝现象，导致黏结材料脱落影响质量；三是垫层易淘空，由于在垫层施工问题中存在垫层厚度不够、级配不好、排水系统差、砌缝处理等问题，地基土体很容易顺渗水流出护坡之外，使护坡垫层骨架被掏空；四是建设成本高，传统预制块表面光滑，消浪效果差，风浪容易爬高造成堤坝安全超高增加和护坡面积增大而增加传统预制块建设成本；五是整体不美观，传统的预制块铺设比较呆板、单调不美观。

针对以上问题，有必要对传统护坡混凝土预制块进行结构和功能方面的改良，在保持原有便于检测、易于铺设、方便施工组织等优点的同时，提供一种防滑、铺设成本较低和美观的防滑式护坡混凝土预制块，对减少人员伤亡、增强铺设整体美感、降低建设成本等具有重要意义。本书以江西省某一地区堤防工程为例，开展防滑式护坡混凝土预制块消浪效果、防滑性能、铺设砌缝和砌缝材料室内模型试验，同时结合实际工程应用情况，提出防滑式护坡混凝土预制块施工质量检测方法及评价标准，为防滑式护坡混凝土预制块的生产、施工和质量控制提供理论依据。

## 1.2 护坡预制块改良关键技术

### 1.2.1 新型护坡改良技术研究

堤坝迎水面的护坡，过去常采用干砌石或浆砌石，近年来采用混凝土护坡的逐渐增多，由于混凝土预制块具有免烧、节省能源、保护土地资源、环保、质轻、强度高和保温性能好等优点，同时又能满足护坡材料对抗冻性、抗渗性、防侵蚀性和整体稳定性方面的要求，从而有效地发挥保护堤坝的作用，因此在堤坝防护工程中得到了越来越广泛的应用，且效果也越来越显著。与此同时，传统的混凝土预制块也暴露出了其整体性差、无排水反滤、波浪爬高较高和长时间浸水以后呈现湿滑等问题。

为进一步完善混凝土预制块的使用功能，以及适应堤坝变形、便于制作与施工等特点的基础上，不少学者在改良护坡混凝土预制块上做研究。王旭君等提出了设置有连锁反滤凹槽的混凝土预制块结构方案，亦即对传统的预制块的结构与功能进行了改进，且改进后的设置有凹槽的混凝土预制块可降低工程的整体成本。李火坤等为增加护坡预制块糙渗系数，提出了凹槽嵌固式正六边形预制块、Z字形混凝土预制块和嵌固式四边形空心预制块等3种护坡体型，并提出了3种预制块糙渗系数计算取值。陈丹等提出一种体积大、重量重、易于预制、取材方便、生态环保、抗冲能力强、能快速封堵决口等诸多优点的多面体混凝土预制块。

当然随着生态护坡愈来愈受到青睐，以混凝土预制块为基础，结合植物种植技术的生态护坡砖也正在凸显其重要作用，例如连锁反滤凹槽混凝土预制块、铰接式混凝土块、凹形反虑排水式混凝土预制块等，面层主要是利用砖体之间的相互作用或者通过施加绳锁作用保持稳定，砖体一般中间设计有空隙，以此保持植物的生长，同时也在一定程度上提高了粗糙度，起到一定的消浪效果。

1. 四脚锥体

四脚锥体是一种较为早期同时运用比较广泛的护坡体型，如图1-1所示，混凝土四脚锥体是由以正四面体的重心为交点，正四面体的四个顶点为顶面中心的四条圆柱体的结合体，混凝土四脚锥体的几何结构决定了块体的随遇稳定性，无论块体翻转向何方，都会有三条柱体与支撑体或地面相接触，且重心低，又具有物理稳定性。

图1-1 四脚锥体

2. 扭工字块体

扭工字块体护坡是一种组合型护坡结构，如图 1-2 所示，通过将其组合摆放与坝面上起到防浪消能的作用，是一种消浪效果较好稳定性较高的护坡体型，稳定性方面由于其单体重量相对较轻，稳定性较差，护坡的整体稳定主要通过它们的连锁作用体现，受安放形式的影响。

图 1-2　扭工字块体护坡

3. 扭王字块体

扭王字块体系法国格勒诺布尔水力研究和应用公司 1979 年研制的专利产品，如图 1-3 所示。由于块体枝干短粗，且块体之间相互的约束作用较强，无论是块体个体的稳定性，还是整个护面层的稳定性都较好。

图 1-3　扭王字块体护坡

4. 四脚空心块体

四脚空心块体作为防浪结构中常见采用的护面块体形式，如图 1-4 所示。其造型规整美观，安装简单统一，其空隙部分还可以发挥良好的消浪功能，并且可以减少混凝土的使用量，降低工程造价。由于是四脚着地，因此单个块体具有较好的稳定性，块体与块体之间不存在钳固作用。

图 1-4 四脚空心块体护坡整体示意图

5. 混凝土杩槎

杩槎即钢筋混凝土四面六边透水框架。透水框架由预制的 6 根长度相等的钢筋混凝土框杆相互连接组成，呈正三棱锥体，如图 1-5 所示。其消浪原理主要通过框架与水流的作用来调整水流，达到水流减速促淤、防护河岸的作用。自身稳定性较好，但是整体之间不存在组合作用，因而整体稳定性较差。

图 1-5 混凝土杩槎三维示意图

6. 连锁反滤凹槽混凝土预制块

连锁反滤凹槽混凝土预制块是基于传统的预制块结构与功能而进行改良的，结构尺寸如图 1-6 所示，其消浪原理是利用预制块上的凹槽作为消力坎，以减少波浪爬高。混凝土预制块的锁卡分布在正六边形棱柱体的 6 个边上，采用错开式布置的形式，分别与相邻的 6 块预制块的锁卡相连，形成竖向 4 个锁卡相扣，水平向的 2 个锁卡相接的布局，从而实现混凝土预制块的整体防护效应。

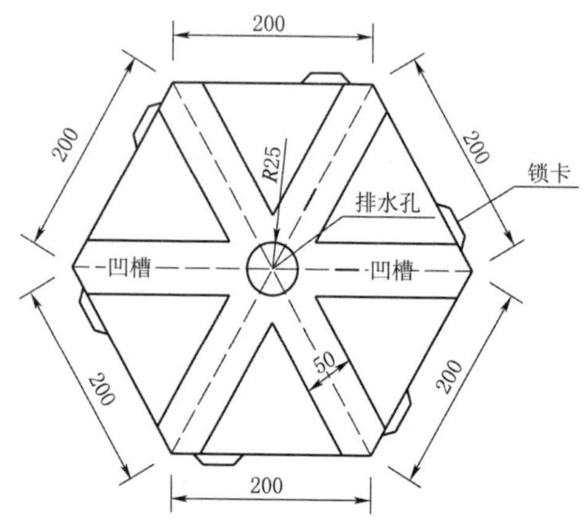


图 1-6 连锁反滤凹槽混凝土预制块结构尺寸（单位：mm）

7. 凹形反滤排水式混凝土护坡

凹形反滤排水式混凝土护坡预制块为素混凝土材料，表面留有凹坑，中央为无砂混凝土透水材料的正六边棱柱体结构，如图 1-7 所示。其消浪机理主要利用混凝土预制块表面上的六棱台凹坑消能。护坡稳定性主要依靠单体的自身稳定性，组合体之间的连锁作用不明显。

8. 铰接式混凝土砌块护坡

铰接式混凝土砌块护坡预制块通过相邻块体相互链接，同时利用其设计中的孔隙，形成一个孔隙率高，分流消能作用明显的类同矩阵混凝土连锁砌块体，如图 1-8 所示。稳定性设计在块体窗体顶端，用一系列经过每个混凝土预制块体内部的预制孔内的水平向绳索相互连接，而形成的连锁型柔性矩阵，以此达到增强整体稳定性的目的。

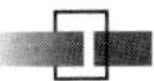

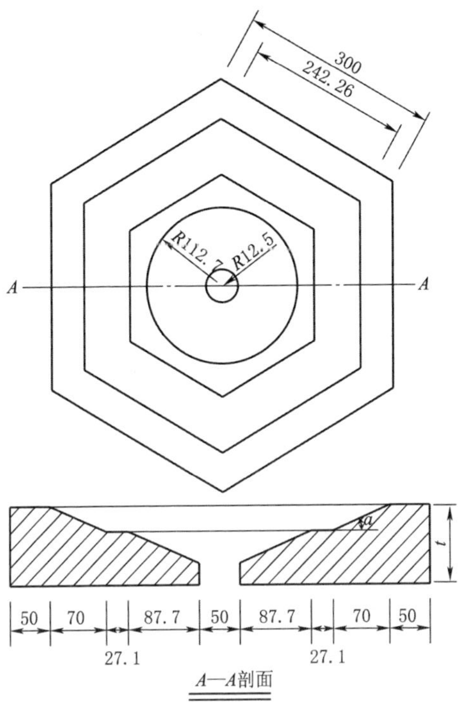


图 1-7 凹形反滤排水式混凝土护坡预制块结构图（单位：mm）

图 1-8 铰接式混凝土砌块护坡

然而，尽管在改善传统护坡缺点的条件下提出很多创新，但由于这些新型预制块施工较复杂，因此堤坝工程中仍以正六边形预制块为主。然而现行的六边形混凝土预制块不防滑、抑浪差、铺设效果呆板，因此有必要在保留传统六边形预制块护坡的优点同时进行其结构和功能上的改良，从而达到更好的应用效果。

### 1.2.2 护坡砌缝控制技术

堤坝迎水面护坡以混凝土预制块护坡为主，混凝土预制块护坡由混凝土预制块、垫层和基层等部分组成，护坡工程铺面情况与块体尺寸、砂垫层厚度、砌缝宽度和基层模量等因素有关，长期在风浪冲刷作用下，如果砌缝过大或缝宽脱落就会导致下部垫层出现掏空从而导致局部预制块护坡坍塌，严重影响整个护坡工程的质量。比如广西壮族自治区钦州市钦南区久隆镇的荷木水库大坝上游护坡发生约 1200m$^2$ 的混凝土护坡块沉陷事故，其原因就是砌缝材料经过冲刷日晒雨淋后开裂，砂砾反滤垫层顺水流被淘空流失导致混凝土护坡中间出现空洞无支撑物而出现大面积沉陷。在大坝规范中原则上规定不留砌缝，但受现场施工条件影响，不留砌缝一方面施工质量上很难控制，另一方面要考虑温差带来的变形，例如在北方由于温度比较低，大坝中土体会发生冻胀引起预制块鼓起破坏，因此有必要留一定的砌缝来保护预制块间的稳定。

在砌缝宽度研究上，有研究表明砌缝宽度和砌缝材料对预制块砌缝渗水系数有一定影响，接缝宽度是影响接缝渗水系数的主要因素，接缝渗水系数随着接缝宽度的增加而呈线性增大关系，当接缝宽度超过 8mm 后，渗水系数随接缝宽度而增加的幅度有所减缓，并提出在采用瓜子片作为垫层时，提出砌块的缝宽最大值应保证瓜子片不得大片流失。也有学者对砌块缝宽的控制提出了自己的见解。在护坡工艺控制方面，提出考虑到混凝土砌块的尺寸误差为 1～5mm 不等，砌块间扣缝间隙应控制在 4～8mm；也有在调研安徽省混凝土护坡工程缝宽情况基础上，提出为保证

下部垫层不被水流冲刷流失，平直段水平缝宽和其他缝宽应分别控制在 8mm 和 10mm，圆弧段底部水平缝宽和其他缝宽应分别控制在 8mm 和 6mm；也有提出为确保铺砌面整齐、美观，砌块间隙按 2～5mm 控制。在分析普通预制块砌块的护坡结构现状后，提出了当垫层颗粒粒径足 $0.1\text{mm} \leqslant D_{15} \leqslant 0.3\text{mm}$，$D_{10} < 0.5\text{mm}$，$D_{90} = 20\text{mm}$ 时，采用不间断级配的砂石料可以满足反滤和排水要求，并提出了一种计算砂石料反滤层配合比的方法，该方法可为预制混凝土砌块护坡工程的砌缝宽度提供一定的参考。

在砌缝材料研究上，常见的砌缝材料主要为水泥砂浆，水泥砂浆由胶凝材料、细骨料和水配制而成，在抹面和灌浆等工程中起到了一定的黏结、传递应力的作用。工程实践表明，水泥砂浆在进行砌缝填充抹面时，受自身流动度、强度及施工人员施工工艺等影响，后期又因为波浪水流流冲刷、护坡预制块自重调整等，易出现接缝不饱满、脱落，继而垫层掏空等现象，有学者在分析了不同外加剂掺量下沥青砂浆的力学性能，提出掺入外加剂能够改善沥青砂浆的水稳性，提高冻融下沥青砂浆的力学耐久性能。也有学者研究了粉煤灰和粉煤灰-矿渣地质聚合物砂浆的微观结构性能、凝结时间和工作性等抗压强度和抗拉强度等硬化性能以及耐久性能，提出在砂浆中掺入防水添加剂和黏结剂的混合物，并研究了其不同添加剂掺量下，砂浆 28 天的抗压和抗弯强度。此外，有学者通过纳米技术、纤维等增加砂浆材料的力学性能。

在膨胀剂选择研究上，单一的膨胀剂不能适应工程应用的要求，于是复合型膨胀剂应运而生。早期市场上出现 CaO -硫铝酸盐双膨胀源膨胀剂，又出现 CAO - MgO -硫铝酸盐三膨胀源膨胀剂。有学者以 FQY 双膨胀源膨胀剂的混凝土中作用机理展开研究，发现 FQY 双膨胀源膨胀剂能够有效补偿混凝土收缩，有效降低结构的开裂风险。此外，有学者利用粉煤灰、固硫灰、磷石膏等工业废渣准备了绿色混凝土膨胀剂，其性能良好，且消化了工业废弃物，具有较好的应用于市场前景。

砌缝情况直接关系到预制块护坡稳定性，虽然前人对砌缝宽度及材料控制提出了参考值，但目前仍无相关规范对预制块护坡砌缝铺设情况的质量控制作出明确规定，也未从改良砌缝材料上改善砌缝材料脱落现象。因此有必要提出适宜的护坡混凝土预制块砌缝宽度及护坡砌缝破损处理建议，同时通过添加膨胀剂对砌缝砂浆进行改良，以期有效控制护坡工程质量提供参考依据。

### 1.2.3 护坡消浪模型试验研究

护坡工程能够维持岸坡稳定，削弱水流对坡面冲刷作用，是保障水库大坝、河流堤防等安全的重要屏障。近年来，关于堤坝护坡技术的研究越来越多，研究内容也从传统护坡形式研究转化为生态护坡。护坡工程主要功能是具备良好的消浪效果，以降低波浪爬高，防止风浪越顶造成堤防破坏。影响波浪在堤坝上爬高的主要因素有斜坡坡度、堤前波高、堤前水深、坡面糙率和透水程度等，各国学者对此问题的研究成果甚多，但研究成果的出入亦较大。因此，对于具体工程，常需借助模型试验解决堤坝消浪效果问题。王国玉从破坏波浪水质点垂向运动轨迹出发，提出一种由多层水平板组成的透空式防波堤新结构，通过物理模型试验，深入探讨了防波堤结构几何参数（相对宽度、相对间距）以及波陡等因素对防波堤消浪效果的影响，并对不同因素影响下的透射系数以及反射系数变化特征进行了比较和分析。陈国平在室内波浪水槽中开展具体工程不同护坡型式波浪爬高试验，提出斜坡上波浪爬高不仅与护坡类型有关，还与护坡消浪结构所处的位置有关。张怀坤对大坝护坡设计了加糙块，用以增加护坡的消浪效果，针对护面结构型式的糙渗系数 $K_{\Delta}$ 是反映其消浪性能的重要参数，设计了室内物理模型，研究了不同加糙护坡方案的波浪爬高和糙渗系数，并与光面护坡进行了对比，结果表明加糙后的湖面波浪爬高降低明显。卢永金基于工程实例分别用国家堤防设计规范和欧美最广泛认可的 Van Der Meer 提出的斜坡式复式堤

防波浪爬高计算方法，对斜坡堤波浪爬高进行了对比计算，对比分析二者异同，结果表明二者波浪爬高计算结果基本相当，但在结构影响系数上处理有差别，应具体问题具体分析。孙东亚提出了护坡设计中对反虑和垫层的技术要求，提出要进行波浪作用下护坡结构整体抗滑稳定分析，并借鉴荷兰和英国相关导则，给出了计算公式。江沭淮对透空式防波堤消浪效果的研究与应用进行了总结，阐述了防波堤消浪效果的理论、试验研究及工程应用进展，认为研究设计一种在一定水深、一定波要素范围内都能有良好消浪效果，尤其是在长波作用下能提高其对长波的反射、吸收和衰减能力，从而降低长波透射率的新型透空式防波堤是今后的研究重点。李火坤通过建立护坡消浪室内物理模型试验系统，对比分析了 3 种预制块相对于传统光面混凝土预制块护坡的消浪效果，提出了 3 种预制块糙渗系数计算取值。

我国的水库、湖泊、河流中堤防防浪护坡工程面广量大，使用防浪护坡有利于工程的安全，传统光面护坡混凝土预制块因诸多优点而被广泛使用，但仍存在波浪易爬高、防滑效果差等不足，因此有必要在保留传统护坡混凝土预制块的优点基础上，开展新型护坡预制块研制及其消浪效果试验研究，对提高护坡防洪安全具有重要意义。

## 1.3 本书主要内容

本书针对传统护坡混凝土预制块存在的不足，采取实地踏勘、资料调查、模型试验、综合分析等方法，从传统混凝土预制块护坡的病害情况统计，防滑护坡混凝土预制块的性能试验、应用效果、生产工艺和质量控制技术等多个方面开展研究。

（1）传统混凝土预制块护坡病害的统计及成因分析。以江西九江地区典型水利工程用传统护坡混凝土预制块为例，从人员伤害、护坡破坏情况等方面对其病害进行统计，分析病害产生的原因。

（2）防滑护坡混凝土预制块结构型式研究。分析传统六边形护坡混凝土预制块的结构和功能，对传统护坡混凝土预制块的结构型式进行改良，提出防滑护坡预制块结构型式与外观设计方案，并进行防滑性能和抑浪效果试验验证。

（3）防滑护坡混凝土预制块铺设砌缝材料和砌缝宽度试验研究。针对护坡混凝土预制块砌缝材料开裂、脱落，护坡垫层淘空问题开展试验研究，研究砌缝材料和砌缝宽度对砌缝材料开裂、脱落和垫层淘空问题的影响，提出防滑护坡混凝土预制块铺设砌缝材料和砌缝宽度建议。

（4）防滑护坡混凝土预制块的生产工艺及质量控制技术标准研究。针对防滑护坡混凝土预制块生产的基本流程及应注意的问题，主要包括生产设备改进、生产工艺优化等方面，参考相关规范的要求，提出其生产工艺及质量控制技术指标。

# 2 传统混凝土预制块护坡病害统计及成因

混凝土预制块护坡因具有便于检测、方便铺设、保障工期、易于维修等诸多优点而被广泛采用，但受当时技术和经济等条件制约，设计、施工等程序都不尽合理，再加上长时间的运行，大多数混凝土预制块护坡逐渐产生老化病害，导致护坡工程的安全性、实用性和耐久性下降，功能得不到正常发挥。为解决以上不足，本章以江西省九江市典型水利工程用传统护坡混凝土预制块为例，重点调研统计护坡病害类型，并对产生问题的原因进行分析，以此为建设新护坡和维修护坡提供指导，也为后续开展护坡改良及模型试验奠定基础。

## 2.1 常见护坡工程概况

### 2.1.1 常规护坡类型

常规护坡类型主要包括浆砌石护坡、干砌石护坡、抛石护坡、格宾护坡、以混凝土为主要材料的混凝土护坡、模袋混凝土护坡、生态护坡。

（1）浆砌石护坡技术是通过在砌石和砌体间填充砂浆，在混凝土凝固后形成一个统一的整体，从而起到对堤坝的稳定作用，有利于堤坝更好地提高抗冲击能力和纵向应力，主要适用于坡度在1∶1～1∶2，或坡面位于沟岸、河岸，下部可能遭受水流冲刷，且洪水冲击力强的防护地段，如图2-1所示。

图 2-1 浆砌石护坡

(2) 干砌石护坡技术是用不用胶结材料依靠石块自身的重量及接触面间的摩擦力来保持稳定的石料砌体，如图 2-2 所示。干砌石在水利工程中常用于挡墙、护坡、堤面、海漫防冲等，其建基面需按设计要求的深度、宽度、长度、坡度开挖或者填筑，经清理加固后再砌石，干砌石护坡消浪效果好，能适应基础的变形，耐久性好于混凝土，施工工艺简单，适用于水位变化频繁、有风浪侵蚀的湖段，但其整体性较差，容易遭到破坏，运行需要较大的维护力量。

图 2-2 干砌石护坡

（3）抛石护坡技术是用块石保护河岸边坡的重型工程，在较平缓的河岸边坡上，为了防止水流的冲刷和波浪的打击，用块石或碎石作防护层，一般抛石的范围要达到坡脚为止，如果水深较大，抛石到达水下的边坡系数大于4～5就可以了，如图2-3所示。抛石至少有两层，上层较大的石料应均匀分布在整个表面上，石料的大小等于或略小于计算的直径，下层的石料可以小一些，并且可以掺和部分碎石混合抛。防护波浪打击的块石层厚度不得小于计算尺寸的2倍，抛石护坡整体性好，能够适应岸坡的变形，施工简易，如有局部损坏也容易维修。

图2-3 抛石护坡

（4）格宾护坡技术是将格宾网片组装成相对厚度较薄的格宾网箱，并填充满足技术要求的块石填料后，组成由厚度在0.2～0.5m的箱笼式网箱叠砌而成的护坡结构，其主要用于保护河流岸坡、防治泥石流和山体滑坡、防护公路和铁路路基等领域，适用于江河湖泊边坡防护，如图2-4所示。

（5）混凝土护坡技术是在坡面铺置混凝土层的护坡措施，其防渗效果、整体性与抗水流冲刷及洪水淘刷效果好，但糙率和排

图 2-4 格宾护坡

渗性能差、消浪效果差，且不能适应岸坡变形，适用于 1∶0.5 以下的坡度，陡于 1∶1的边坡应加钢筋或钢丝网，坡脚应设置基础，如图 2-5 所示。在混凝土层中每隔 3～5m 设置一个泄水孔，每隔 5～6m 设置一处伸缩缝。

图 2-5 混凝土预制块护坡

（6）模袋混凝土护坡技术是利用织物袋充灌填料后具有的透水不透浆的特性，依靠泵压和自重从模袋的孔隙中排出多余水分，降低水灰比，凝固后达到设计强度，形成牢固稳定的防护面，成形后无需拆除模袋，如图 2-6 所示。该技术适宜水下施工，且水上水下可同时施工，对无法围埝、不能断航、缺少石料的沿海、水库、闸坝上下游护底护坡等更显优势。

图 2-6 模袋混凝土护坡

（7）生态护坡技术是指开挖边坡形成以后通过工程技术手段在其上种植植物，利用植物与岩土体的相互作用（根系锚固作用）对边坡表层进行防护、加固，使之既能满足对边坡表层稳定的要求，又能达到恢复被破坏的自然生态环境目的的护坡方式，适用于土层较薄的沙质或土质坡面，如图 2-7 所示。

以江西省九江市为例，该地区拥有小（2）型以上水库 1207 座，总库容约 99.34 亿 $m^3$，大多数为均质土坝，修建于 20 世纪五六十年代。百亩以上圩堤 399 座 1008.3km，山塘 5 万余座，长江岸线长达 151.9km，长江干堤 123.89km，水库大坝和堤防迎水面多采用传统光面护坡混凝土预制块护面。

在传统混凝土预制块护坡工程中，有的护坡质量较好，发挥

图 2-7 植草护坡

了较好的工程效益，但也有一部分护坡质量差，在风浪的冲击、淘刷等破坏因素的作用下，护坡已遭受不同程度的破坏，且影响堤坝的正常运行，有的甚至危及堤坝的安全。当护坡工程遭到破坏时，应尽快作出整治设计并进行彻底处理，以免遭受更严重的破坏，防治措施应根据护坡破坏的主要原因，综合原护坡的结构型式和破坏范围的大小、建筑材料、气温和风力、施工条件和库水位情况以及技术上可靠性和经济上合理性等有关因素，比较分析后合理选定。

为更清楚地了解传统护坡混凝土预制块护坡的情况，我们通过走访座谈及发放调查表两种形式对近年来水库及堤防等预制块护坡情况进行了调查，重点对九江市几个典型地区的护坡混凝土预制块情况进行了现场查勘。现结合调查统计情况，从人员伤亡情况、护坡破坏类型等方面对传统护坡混凝土预制块情况进行了梳理。

### 2.1.2 人员伤亡情况

从发放调查表调研情况看，自 2012 年以来，调研的九江市 11 座水库已发生涉坡人员死亡事件 20 余起，工伤事故难以统计，大多因传统的护坡混凝土预制块表面平整光滑、没有防滑功能导致涉坡人员（施工作业人员、防汛抢险人员、维修养护人员）和非涉坡人员（学生、小孩）等人身安全问题，见表2-1。例如，2012年7月，九江市红灯水库1名成年男性在水库边玩耍，滑落后游泳抽筋溺亡；2014年7月，德安牛湾水库1名男性在水库边打水，滑入水库溺亡；2014年8月，团山水库1名成年男性在水库边玩耍，滑落后游泳抽筋溺亡；2015年8月，刘家垅水库1名12岁女孩在水库边洗鞋，滑入水库溺亡，泉水垅水库1名男性水库边玩耍，不幸滑入水中溺亡；2016年6月，大冲山水库儿孙3人去水库找水喝，滑入水库溺亡；2017年7月，九江市梅山水库1名高中生在水库边玩耍，滑落后游泳抽筋溺亡；2018年4月，瑞昌市龙源水库4名结伴而行的男士在水库边玩耍，滑入水库溺亡等。类似因玩耍、打水、洗鞋等发生的滑落意外事件还有很多，且河坡伤亡人员有小孩、成年人、老年人，大多采取的措施是设置踏步、安全警示标志、安装护栏等，这些措施发挥了一定的作用，然而在与现场施工人员的交谈中得知，相应措施仍很难改善护坡工程中发生的滑落意外事件。

**表2-1　九江部分护坡事故调查表**

| 序号 | 工程概况 | 事故时间 | 事故伤亡人员 | 事故原因 | 整改措施 |
|---|---|---|---|---|---|
| 1 | 红灯水库位于九江市濂溪区莲花镇太平宫村，属八里湖水系丁家河支流，坝址以上控制流域面积3.6km²（含引流面积2.6km²），总库容41万m³，设计灌溉面积1000亩，是一座以灌溉为主，兼有防洪、养殖等综合利用的小（2）型水库。工程主要由大坝、溢洪道、坝下涵管等建筑物组成 | 2012年7月 | 1人死亡 | 游泳溺亡 | 设置安全警示标志 |

续表

| 序号 | 工程概况 | 事故时间 | 事故伤亡人员 | 事故原因 | 整改措施 |
|---|---|---|---|---|---|
| 2 | 牛湾水库位于德安县塘山乡石源村，坝址以上控制流域面积0.85km²，总库容13.29万m³，设计灌溉面积1000亩，是一座以灌溉为主，兼有防洪、养殖等综合利用的小（2）型水库。工程枢纽主要由大坝、溢洪道、坝下涵管等建筑物组成。该水库于2012年11月开工，2013年5月完工 | 2014年7月 | 1人死亡 | 水库取水打药，滑入水库溺水 | 坝顶设置护栏，坝面设置踏步 |
| 3 | 团山水库位于九江县岷山乡团山村，距九江县城区20km，是一座以灌溉为主，兼顾防洪、养殖等综合利用的小（2）型水库，坝址以上控制集雨面积0.43km²，总库容25.01万m³，设计灌溉面积800亩。水库枢纽主要由主坝、副坝、溢洪道及坝下涵管（主、副坝）等建筑物组成。2012年10月21日开工，2013年7月29日完工 | 2014年8月 | 1人死亡 | 库区玩耍滑入水库溺亡 | 设置安全警示标志 |
| 4 | 刘家垅水库是一座以灌溉为主，兼顾防洪等综合效益的小（2）型水库。坝址以上控制流域面积0.25km²，总库容15.6×10⁴m³，设计灌溉面积500亩，工程主要由大坝、溢洪道及坝下涵管等建筑物组成。该水库于2013年10月开工，2014年4月完工 | 2015年8月 | 1人死亡 | 因洗鞋落水溺亡 | 设置安全警示标志 |

续表

| 序号 | 工程概况 | 事故时间 | 事故伤亡人员 | 事故原因 | 整改措施 |
|---|---|---|---|---|---|
| 5 | 泉水垅水库位于都昌县汪墩乡清水村委会邵武村，距县城约4km，坐落于鄱阳湖新妙湖支流上游，坝址以上控制集雨面积1.35km²，总库容103.6万m³，设计灌溉面积1000亩，是一座以灌溉为主，兼有防洪、养殖等综合效益的小(1)型水库。该水库于2011年9月21日开工，2012年6月10日完工 | 2015年8月 | 1人死亡 | 水库玩耍，不幸落水溺亡 | 设置安全警示标志 |
| 6 | 大冲山水库是一座以灌溉为主，兼顾防洪及养殖等综合效益的小(2)型水库，坝址以上控制流域面积0.3km²，总库容38.0×10⁴m³，设计灌溉面积600亩。工程主要由大坝、溢洪道及坝下涵管等建筑物组成。该水库于2012年10月开工，2013年8月完工 | 2016年6月10日上午8时 | 3人死亡 | 因天热口渴去水库找水喝，不幸落水溺亡 | 设置安全警示标志 |
| 7 | 梅山水库位于濂溪区莲花镇妙智村，属长江七里湖水系。坝址以上集雨面积为4.7km²，(其中通过红旗渠引庐山莲花洞来水4.0km²)，总库容105万m³，设计灌溉面积3000亩，是一座以灌溉为主，兼有防洪等效益的小(1)型水库 | 2017年7月 | 1名死亡 | 滑落后游泳抽筋溺亡 | 设置安全警示标志 |

续表

| 序号 | 工程概况 | 事故时间 | 事故伤亡人员 | 事故原因 | 整改措施 |
|---|---|---|---|---|---|
| 8 | 龙源水库位于瑞昌市桂林街道庆丰村，距市区不足 2km，是一座以灌溉为主，兼顾防洪、养殖等综合利用的小（1）型水库，坝址以上控制集雨面积 7.5km²，总库容 647 万 m³，设计灌溉面积 0.7 万亩。水库枢纽主要由大坝、溢洪道、灌溉（发电）隧洞等建筑物组成。1958 年 10 月开工，1972 年冬完工 | 2018 年 4 月 | 4 人死亡 | 库区玩耍滑入水库溺亡 | 公安、教委、水利、团委等相关部门加强宣传 |

在走访座谈中，相关人员表示自“98”洪水以后，全国开展了大规模的水利工程建设，水利基础设施得到极大完善，对重点堤防和病险水库实施了一轮除险加固，但之前对江河湖库堤坝的设计，更多地考虑防洪安全因素，没有充分考虑到防滑问题。2019 年，九江市水利局收到了市委民声通道工作室九办民函〔2019〕61 号关于人民网网友向市委书记留言建议——在九江江河湖泊堤坝护坡加强防滑措施的建议，同年 5 月，九江市水利局在《关于在全是做好防溺水工作的通知》（九水工管字〔2019〕35 号）中也强调要逐步在水利工程维修加固过程中用防滑护坡等工程措施代替光面护坡。

综上所述，有必要加大防滑技术在水利工程护坡中的应用，以防止涉坡人员打滑摔倒，保证施工作业等必要涉坡人员和学生、小孩等非必要涉坡人员的安全。

### 2.1.3 护坡破坏类型

在现场调研中发现，混凝土预制块护坡工程均遭受到不同程度的破坏，具体表现在以下几个方面：

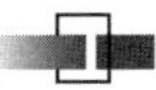

(1) 砌缝质量控制方面：现场对某一预制块护坡工程进行了重点调研，共对 20 个点的 60 条砌缝进行了测量，测量方法是每 $50m^2$ 护坡测量一处最大缝宽；测量结果见表 2-2。

**表 2-2　　预制块护坡工程缝宽测量结果**

| 序号 | 缝宽/mm | | | 序号 | 缝宽/mm | | |
|---|---|---|---|---|---|---|---|
| | 水平缝宽 | 竖向缝宽 | 斜缝宽 | | 水平缝宽 | 竖向缝宽 | 斜缝宽 |
| 1 | 7.5 | 6.7 | 11.2 | 11 | 8.3 | 7.6 | 13.5 |
| 2 | 5.8 | 6.9 | 13.2 | 12 | 10.2 | 6.7 | 10.3 |
| 3 | 8.4 | 9.3 | 10.7 | 13 | 9.6 | 6.9 | 11.3 |
| 4 | 9.6 | 8.2 | 15.8 | 14 | 7.9 | 7.9 | 15.2 |
| 5 | 7.6 | 10.5 | 5.2 | 15 | 11.3 | 8.2 | 9.5 |
| 6 | 7.7 | 9.5 | 5.5 | 16 | 8.7 | 9.3 | 9.6 |
| 7 | 5.5 | 8.6 | 10.6 | 17 | 6.8 | 10.1 | 9.8 |
| 8 | 6.9 | 6.9 | 5.9 | 18 | 10.6 | 10.6 | 5.7 |
| 9 | 10.9 | 8.3 | 11.3 | 19 | 5.9 | 8.8 | 7.6 |
| 10 | 7.3 | 7.8 | 12.5 | 20 | 6.9 | 7.6 | 9.8 |

由表 2-2 可以得出，该护坡工程中水平缝宽、竖向缝宽和斜缝宽最大值分别为 11.3mm、10.6mm 和 15.8mm。从测得的 60 条缝宽来看，3 种缝的缝宽分布无规律，斜缝宽稍偏大，缝宽在 6mm 以下占总数的 11.7%，缝宽在 6～10mm 之间占总数的 73.3%，缝宽在 11～20mm 之间占总数的 15%

(2) 护坡破坏方面：部分铺设时间较久的护坡因受到风浪淘刷、日晒雨淋等自然环境影响，护坡垫层出现被风浪淘走、局部坍塌的现象；部分护砌段出现了垫层淘空，护坡预制块出现移位的现象；部分护坡砌缝出现拼装裂缝，砌缝材料黏结强度不够，裂缝宽度大小不一，砌缝砂浆脱落；部分新铺的混凝土预制块护坡已出现局部勾缝砂浆和嵌缝混凝土脱落以及少量混凝土预制块断裂损坏的现象，经及时对断裂的混凝土预制块进行更换，并对脱落的砌缝砂浆和嵌缝混凝土进行维修以后，混凝土预制块护坡基本处于完好状态，但仍有一些预制块护坡未进行修缮、翻新，砌缝砂浆也因后期管理等出现脱落，护坡能力大打折扣。

综上所述，九江市调研的 11 处护坡都因为垫层、砌缝等问题发生不同程度的破坏，如不及时对其进行处理，久而久之就会引发护坡沉陷、塌陷破坏，如图 2-8 所示。

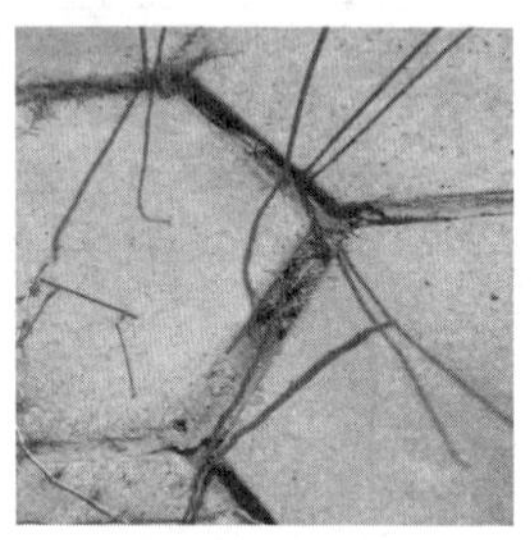

（a）砌缝材料脱落

（b）垫层被淘空

图 2-8 部分混凝土预制块护坡破坏情况

1. 沉陷破坏

沉陷破坏主要由护坡垫层缺失、流失、沉降等引起。

（1）垫层缺失。护坡下面一般都铺筑垫层，尤其在迎水面护坡，垫层应该保证在库水位消落时顺利排出坝体中的渗压水，而不致将较细的坝体土带走。垫层缺失，护坡在自然界降雨情况下不断经受降雨的袭击，其中一部分雨水下渗，另一部分雨水在边

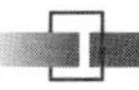

坡汇集，形成径流。径流在土颗粒表面产生剪切力，当这种力大到能抵消土的抗侵蚀能力时，土颗粒被径流带走，从而发生侵蚀，这种径流的剪切力与土壤颗粒抵抗力之间的相互作用不同相可引起溅蚀、溶蚀、片蚀、沟蚀等不同的侵蚀现象。同时，波浪、顺坝水流、坝体反向渗水等均能够将堤坝土带走，致使护坡下面土体逐渐遭到侵蚀，日积月累造成护坡沉陷破坏。

（2）垫层流失。护坡垫层一般采用级配良好的骨料，如果骨料级配不良，易造成垫层本身流失。比如在碎石与粗砂垫层之间未铺筑砾石垫层（或同等粒径的石屑等），容易造成雨水将碎石垫层下面的粗砂从碎石的空隙中冲走，致使碎石垫层下陷，最后导致护坡的局部或整体沉陷。另外，在迎水面护坡，如果砌筑不紧密或石块之间缝隙未填充密实留有较大空隙，在较大风浪作用下，甚至可造成碎石垫层被波浪冲蚀卷走，进而造成整体垫层的破坏，最终造成护坡冲蚀沉陷破坏。

（3）垫层沉降。堤坝碾压不实、护坡垫层设计与施工不合格，护坡下面垫层及土体在施工过程中未达到密实度要求或垫层下面有湿陷性土体，在堤坝垫层固结过程中沉降量较大以及湿陷性土体遇水下陷，都能造成护坡局部沉陷破坏。

2. 塌陷破坏

塌陷破坏主要是由护坡下垫面（包括反滤层、垫层、支撑土体等）大量流失引起，由于混凝土预制块护坡结构较紧密、稳固，护坡下垫面有少量流失、下陷，不会立即发生坍塌，从表面看护坡仍然是完整的，倘若形成流失通道，护坡下垫面将大量流失，致使护坡被逐渐架空，当护坡自身重量产生的剪切力、拉力超过护坡薄弱部位胶结材料的黏结力时，易突然发生护坡剪切、张拉破坏，且危害性较大。

## 2.2 护坡病害原因分析

护坡破坏大多因为历经了十几年的运行，或因部分破坏未及时修缮，而护坡的破坏并非由单独一个因素造成，大多由外界多种因素综合作用所造成。

（1）垫层铺设问题。没有垫层或垫层级配不良，护坡垫层材料选择不严格，未按反滤原则设计施工，起不到反滤作用或护坡排水系统及反滤功能差；护坡缺少排水孔，坡后积水不能及时排出；反滤土工布与砌块之间无垫层填充，造成砌块与坡面之间并未有效结合，地基土体很容易顺渗水流出护坡之外，使护坡基础淘空。

（2）风浪压力作用。风浪压力作用是护坡毁坏的最主要原因。调查统计表明护坡大面积毁坏大多因大风浪影响，其损坏部位均在风浪与护坡相交处，波浪周而复始地运动，在冲刷护坡的同时也消耗其能量，当被动的水流沿坡面下拖时，透入坡面的水体将产生反向压力——浮托力，该力可能将护坡"掀起"，波浪运动的交替作用，可将护坡石下垫层及土坝土料淘出，进而使坝面塌陷，护坡不连续。

（3）护坡施工质量差。护坡施工中存在的问题较多，常见的是垫层厚度不够或碎石铺设不均匀、不合理或因不同的施工单位分段施工，在两段衔接处质量得不到保证，从而出现局部损坏或塌陷。

（4）管理不善，维修不及时。长期以来，由于受重建轻管思想的影响，水库工程管理工作得不到应有的重视。从调研情况来看，部分护坡工程已进入老龄期，退化老化现象严重，但由于维修加固经费不足等原因，许多工程病害隐患得不到及时治理，使问题越积越多，促使破坏加剧。护坡下垫层被淘空有一个渐变过程，当出现局部塌陷或石块松动下滑时，若能及时修复就不会使损坏继续发展。因此，及早发现和修复损坏部位不留下隐患是十分重要的，否则在风浪的作用下有可能发生大面积的毁坏。

（5）其他原因。因预制场地、模具尺寸、不用脱模剂、不振捣、搬运过早、顺坡不碾压、砌缝不规范等原因导致的预制块本身质量缺陷。

## 2.3　本章小结

对九江 11 座水库工程传统混凝土预制块护坡发生的涉坡人员伤亡情况、护坡破坏类型进行调查、统计及分析，对某一护坡工程预制块砌缝分布进行了统计，结论如下：

（1）传统混凝土预制块护坡不防滑是引发涉坡人员伤亡的主要原因，长期运行及近几年新铺的护坡工程都不同程度的遭受到破坏，如不加以修护易发生大面积沉陷或塌陷破坏。

（2）传统混凝土预制块护坡破坏主要受设计不周、垫层铺设存在问题、施工质量差、长期受到风浪压力作用、管理不善，维修不及时等多重因素影响。

（3）传统混凝土预制块护坡砌缝宽度为 5～20mm 不等，但集中分布在 6～10mm。

# 3 防滑预制块护坡结构设计

混凝土预制块护坡体型以正六边形为主，它具有便于检测，保证质量，易于铺设，美观大方，方便组织，保障工期等优点，但也存在安全性能不高、波浪易爬高、工程成本高等不足。本章阐述光面传统护坡混凝土预制块的优缺点，提出一种兼具防滑、抑浪、安全、美观等功能的素混凝土正六边形预制块，并对其进行体型设计计算。

## 3.1 光面护坡混凝土预制块的优缺点

### 3.1.1 优点

堤坡防护常用的有现浇混凝土护坡、护坡混凝土预制块、浆（干）砌石护坡和草皮护坡等防护措施，其中护坡混凝土预制块能有效地保护大坝和堤防，其优点主要表现在以下几个方面：

（1）便于检测，保证质量。由于现浇混凝土护坡坝体土石方施工放样、坡面整坡、现场施工和其他人为因素等，导致设计护坡强度、厚度均难以保证。护坡混凝土预制块通过工厂化生产，原材料质量控制、中间产品生产和半成品的养护均可以得到有效的管理和控制，实体尺寸和强度等便于检测，可有效地对质量进行监控，保障了工程质量目标的实现。

（2）易于铺设，美观大方。加工好的护坡混凝土预制块工地现场易于铺设，对整平的坡面误差和单体之间的缝隙可以进行二次调整，使得铺设后的坡面平整，线条顺直，较为美观。

（3）方便组织，保障工期。由于水利工程施工的季节性强，

为保证在有限的工期内完成建设任务，采用交叉施工是一种有效的办法，护坡混凝土预制块顺应了这一特点，可以在不适宜施工的时段内先期或同时完成护坡混凝土预制块的制作，这样不仅大大提高了工效，也缩短了工期。

### 3.1.2 缺点

然而，由于混凝土预制块表面平整光滑，加之小型水库大坝和堤防的边坡偏陡，因此出现不同程度的问题：

（1）涉坡人员人身安全受到威胁，对涉坡的施工作业人员、防汛期间抢险人员、维修养护作业人员和非涉坡的学生、小孩等人身安全构成威胁。

（2）工程建设成本增加，由于风浪爬高的原因，造成大坝安全超高增加和护坡面积增大。

（3）拼装后易裂缝，现有的混凝土预制块拼装后填筑砂浆黏合力不强，易产生裂缝。

（4）整体铺设后呆板，缺少美感。

## 3.2 防滑护坡混凝土预制块体型

### 3.2.1 波浪要素

1. 波浪对护坡作用机理

当波浪从深水区传播到浅水区进而向护坡斜坡推进时，波浪要素都在时刻不断发生变化，在这一过程中，波浪一方面受到水深沿程不断变小和波浪绕射、折射等诸多因素的影响从而导致波能重新分配，另一方面受底部泥沙的摩阻力、水流紊动等制约，能量不断消耗。因此，波浪要素不断变化。当水深减少至一定数值时，波系中大波波峰处的水质点不能维持平衡，开始破碎，波系中的波高分布逐渐趋向均匀化，水深继续减小，中小波浪亦相继破碎。在多数海岸，破波波高大于其原始波高，波长小于其原始波长，波浪陡度显著增加。自波浪开始破碎的地点至波浪在岸边上爬最高点之间的区域称为破波带，水质点紊动剧烈，波能大量消耗，于是破碎后的新生波波高较未破碎前的波高显著减小。新生波在向岸边传播过程中，波浪要素急需不断变化，当岸边坡度较小时（缓于约 1∶20 时），可能出现两次乃至若干次破波。

对于天然的岸坡，如果没有任何防护措施，则波浪能将岸坡侵蚀，坡面将自动调整至断面平衡为止，平衡断面的形态，与滩面的物质组成和波浪的特征有密切的关系，除波高很小的情况外，一般在波浪作用下，若任由岸坡自动侵蚀变形，则坡度必须调整至十分平缓，才能达到所谓的断面平衡。当岸坡筑有斜坡式防浪建筑物时，自斜坡面波浪可能发生较为完全的反射、部分反射或基本无反射等情况。波浪的反射程度主要取决于坡面与水平面的夹角（斜坡坡度）、入射波的波陡，并与坡面糙率、坡面渗透性能以及堤前水深与波长的比值（亦即相对水深）等一系列因素有关。如基本上无反射，则波浪将在坡面上完全破碎；如有部分反射，则将发生部分破碎；如斜坡坡度较陡，则可能产生较为完全的反射，水质点将在坡面上上下振动，其性质与立墙前的立波相类似。

波浪对堤防斜坡或天然岸坡作用时，在一个波浪周期内，波浪在岸坡上的运动主要包括三个阶段：第一阶段为入射阶段，波浪在临界水深处破碎，形成入射水流，冲击岸坡；第二阶段为上爬阶段，破波形成上爬水流，沿坡面向上运动；第三阶段为回落阶段，波浪上爬至最大高度，水流旋即沿坡面向下运动，形成回落水流，冲刷坡面，其能量主要消耗或转化与以下几个方面：①波浪在斜坡上破碎时，因水质点的剧烈紊动而消耗部分能量；②一部分能量转换于反射波；③一部分能量消耗于克服坡面的摩阻力；④当坡面及基础透水时，一部分能量消耗于透水层中水质点的渗流运动以及部分透射波；⑤一部分能量使水质点堤防斜坡坡面上爬，表现为位能的增加，当上爬水质点回落时，位能转化为动能，沿斜坡产生波动流速；⑥当堤防坡面收到冲蚀时，一部分能量使坡面土壤或护坡材料运动做功；⑦当波浪水流越顶时，一部分能量被越顶水流携带，冲刷堤坝后坡或在堤后水域中产生水面波动。以上各项能量均直接或间接地转化为热能。

波浪在堤防斜坡坡面上破碎时，水体以射流状态冲击斜坡并形成波动水流，在坡面上往复上溯并回落，周而复始。在波浪作用下，整个坡面上均产生波动流速，其最大值出现在波浪破碎时射流冲击斜坡的地点，自该点沿斜坡向上或向下，流速均逐渐减小。由于波动流速的冲刷作用，坡面必须妥善保护，否则坡面逐渐受到淘刷破坏，整个堤防建筑物的安全受到严重威胁。当波浪破碎时，在射流冲击斜坡的地点产生最大压力，波压力的分布自该点沿坡面上下分别递减。通过堤防护坡材料与反滤层的缝隙以及土料骨架的孔隙，波压力将自表层向堤坝建筑物内部深处传递，在传递过程中，波压力的数值虽不断有所衰减，但因各层波压力的分布具有相位差，当波动水流沿斜坡表面回落时，由于内压力的浮托作用，有可能将护坡材料掀动破坏。另一方面，由于波动渗流的淘刷作用，亦有可能将反滤层材料或土料，通过护面或反滤层的缝隙冲出，是堤坝坡面坍陷破坏。工程实践证明，在波浪作用下，土堤的破坏原因主要有以下几个方面：

（1）堤坝护坡材料的重量或厚度不足，不能抵御破波射流的冲击或坡面波动水流的冲刷以及内压力的浮托作用。

（2）堤坝护坡面保护范围不够，在护坡范围以上或以下的土料遭受波动水流冲刷，坡面变形，逐渐导致堤坝坡面淘蚀和塌陷的破坏。

（3）堤顶高程过低，堤身宽度不足，后坡无适当的防护，越顶波浪水流冲刷堤顶和后坡土料，剥蚀堤身，导致堤坝建筑物失事。

（4）堤角和基础缺乏保护，在波动水流作用下，发生严重的冲刷或大量沉陷。

（5）位于护坡结构材料与堤身土料之间的反滤层级配不当，厚度不足，土料或反滤层材料在波浪作用下向堤外流失，坡面逐渐塌陷损毁。

2. 平均波高、平均波高与水域的平均深度比值

按照《堤防工程设计规范》（GB 50286—2013）中式（C.1.2）

公式计算：

$$\frac{g\overline{H}}{V^2}=0.13\mathrm{th}\left[0.7\left(\frac{gd}{V^2}\right)^{0.7}\right]\mathrm{th}\left\{\frac{0.0018\left(\frac{gF}{V^2}\right)^{0.45}}{0.13\mathrm{th}\left[0.7\left(\frac{gd}{V^2}\right)^{0.7}\right]}\right\} \tag{3-1}$$

$$\frac{g\overline{T}}{V}=13.9\left(\frac{g\overline{H}}{V^2}\right)^{0.5} \tag{3-2}$$

$$\frac{gt_{\min}}{V}=168\left(\frac{g\overline{H}}{V^2}\right)^{3.45} \tag{3-3}$$

式中 $\overline{H}$——平均波高，m；

$\overline{T}$——平均波周期，s；

$V$——计算风速，m/s；

$F$——风区长度，m；

$d$——水域的平均水深，m；

$g$——重力加速度，m/s$^2$；

$t_{\min}$——风浪达到定常状态的最小风时，s。

考虑到鄱阳湖区风浪为不规则波，因此计算不规则波的周期采用平均波周期 $\overline{T}$ 表示，按照平均波周期计算的波长 $L$ 按《堤防工程设计规范》(GB 50286—2013) 中式 (C.1.4) 公式计算：

$$L=\frac{g\overline{T}^2}{2\pi}\mathrm{th}\frac{2\pi d}{L} \tag{3-4}$$

计算中，假设计算风速 $V$ 为 15.3m/s，风区长度 $F$ 为 18km，水域的平均水深 $d$ 取 6m。通过计算可知，$\overline{H}=0.6308$m，知$\overline{H}/d=0.1$。

3. 不同累计频率波高换算

按《堤防工程设计规范》(GB 50286—2013)，查不同累计频率波高换算表 C.1.3，查堤防工程设计规范表 C.1.3，得 $H_{10\%}=1.04$m。

### 3.2.2 外观尺寸

根据《水工设计手册》中关于正六边形混凝土预制块护坡的尺寸及构造要求，通常正六边形混凝土预制块护坡边长为300～400mm，厚为150～200mm。本次设计的防滑护坡混凝土预制块的边长为300mm，为了加大正表面的粗糙度，达到防滑、抑浪等效果，在正六边形预制块中间设置凸起的图文，如凸点图文、横条纹等。本书以条纹形防滑护坡混凝土预制块开展研究，设置的横条纹上表面宽为27mm，下表面宽35mm，高度为6mm，间距为175mm，其中横条纹宽度和间距以5～6岁儿童鞋尺码为参数，并考虑涉坡时儿童可以踏上2根防滑条纹，为清楚了解护坡体表面突出面积情况，通过计算突出面积及防滑护坡预制块面积比例，得出表面突出面积比例约为23.7%。防滑护坡混凝土预制块厚度按照《水工设计手册》中式（18-10-21）计算。

$$t = K\frac{0.11(2h)}{(\gamma_c - \gamma_w)\sqrt{b}\cos\alpha} \tag{3-5}$$

式中 $t$——混凝土护坡厚度，mm；

$K$——安全系数；

$2h$——设计波高，m；

$\gamma_c$——混凝土的容重，kg/m$^3$；

$\gamma_w$——水的容重，kg/m$^3$；

$b$——沿堤坡向板长，m；

$\alpha$——堤坡与水平线的夹角，(°)。

计算中，假定$K=1.10$，混凝土容重$\gamma_w$为2400kg/m$^3$，设计波高为1.04m，水的容重$\gamma_w$为1000kg/m$^3$，沿堤坡向板长$b$为0.692m，堤坡与水平线的夹角$\alpha$为21.8°，通过计算可知，在不考虑混凝土正表面突出条纹情况下，正六边形混凝土预制块的厚度为110mm，基于此，防滑式护坡混凝土预制块的体型尺寸如图3-1、图3-2所示。

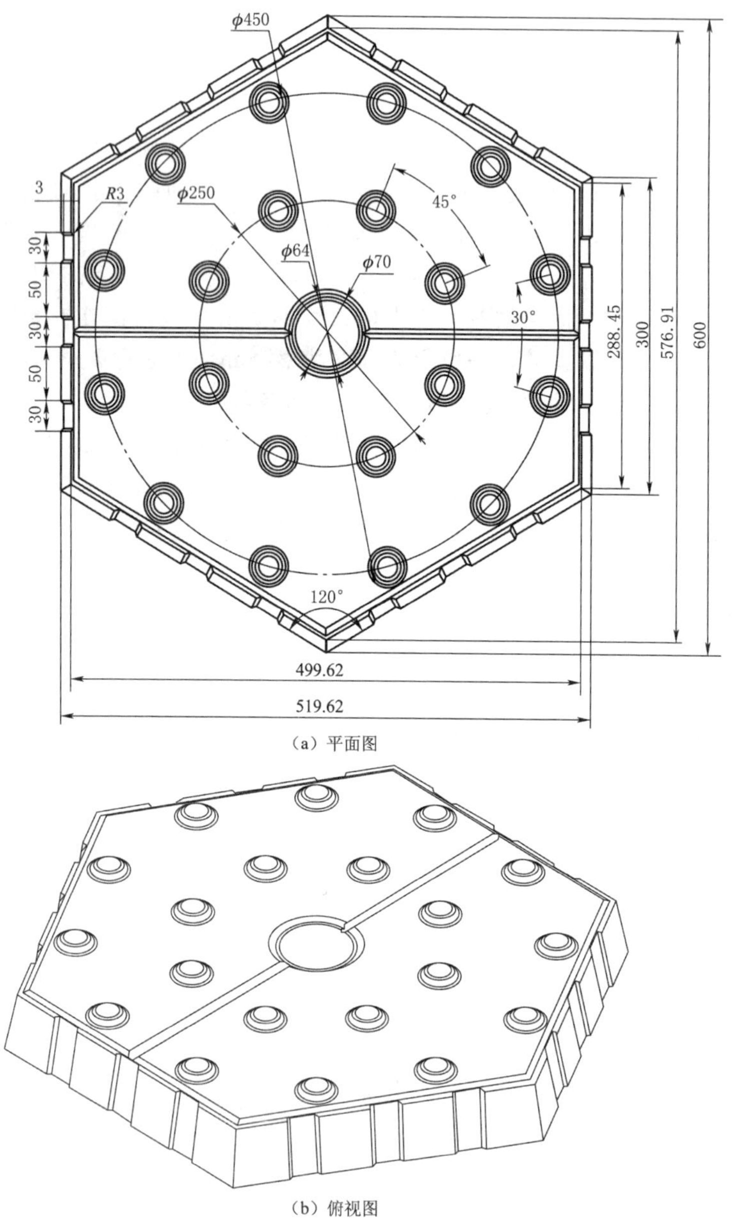

（a）平面图

（b）俯视图

图 3-1（一） 带排水孔凸点形防滑护坡混凝土预制块

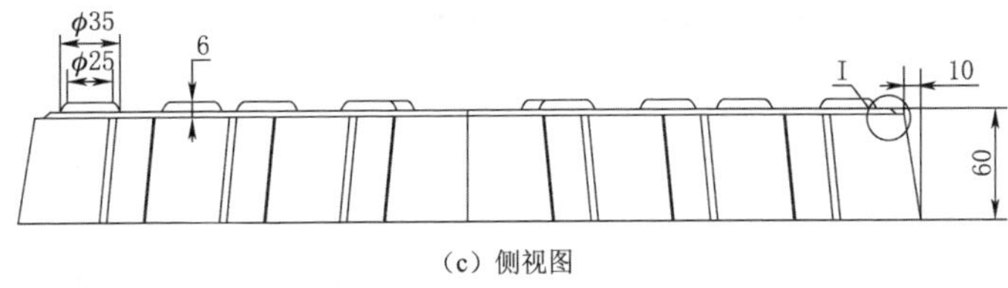


(c) 侧视图

图 3-1（二） 带排水孔凸点形防滑护坡混凝土预制块

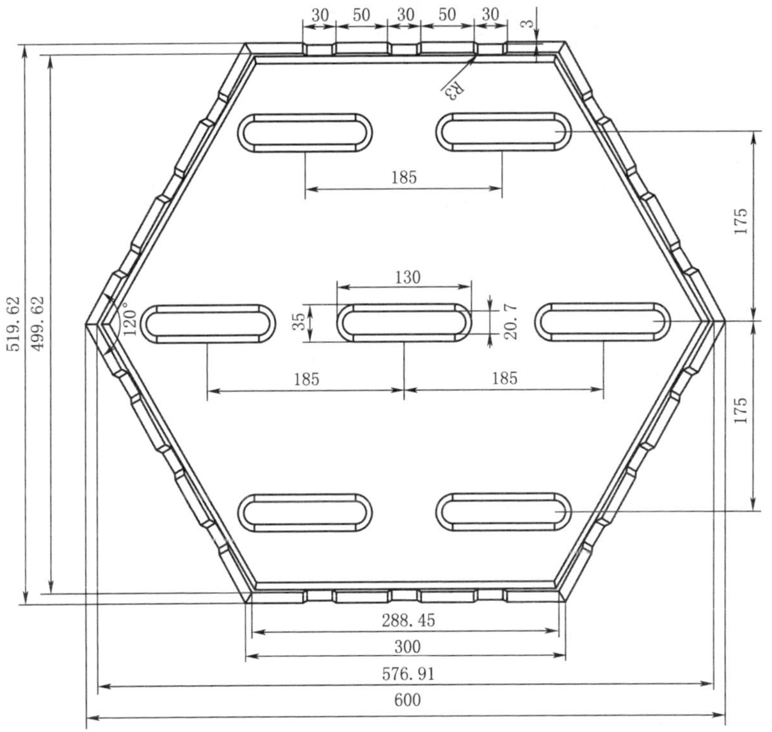

(a) 平面图

图 3-2（一） 条纹形防滑护坡预制块

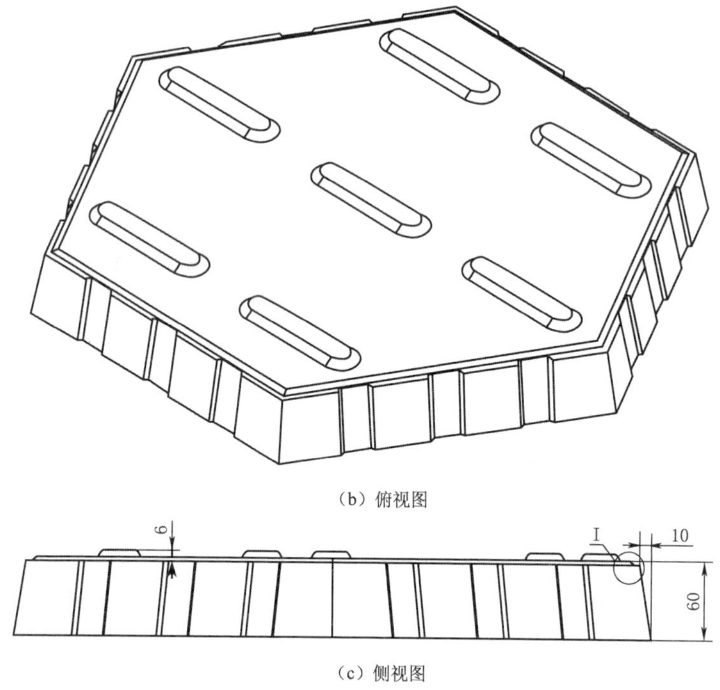


(b) 俯视图

(c) 侧视图

图 3-2(二) 条纹形防滑护坡预制块

### 3.2.3 排水反滤

《堤防工程设计规范》(GB 50286—2013)中要求护坡体与土体之间至少设一层垫层,垫层可采用砂、砾石或者碎石、石渣和土工织物,我国堤防护坡一般采用块石,要求至少设一层碎石垫层,对反滤没有明确的要求。而国外一些国家在堤防工程建设中则十分重视垫层和反滤层的设计。垫层和反滤层材料可为碎石或土工布,或二者组合使用。美国密西西比河的护坡工程大都设置了反滤层和垫层。我国大多数专家主张设置反滤层,例如中国水利水电科学研究院在江西的江新洲和棉船洲抛石护岸(坡)中采用了土工织物软体排作为垫层,并起反滤作用。长江重点堤段

隐蔽工程护岸（护坡）设计中也设置了“八上七下”的粒状材料垫层，垫层由小石（厚 8cm）和石屑（或中粗砂）（厚 7cm）两层组成。国家土工合成材料示范工程江阴长江堤防混凝土模袋护坡工程和仪征长江护坡工程中也设置了厚 15cm 左右的粒状材料和土工布混合式反滤垫层等。垫层/反滤层应用示意图，如图 3-3所示。

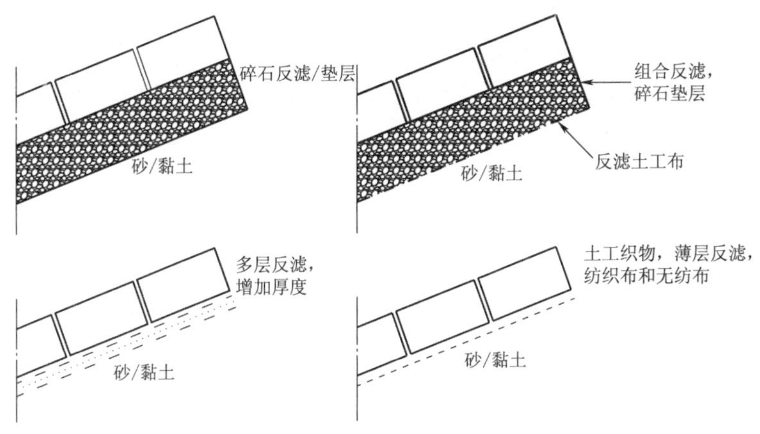


图 3-3　垫层/反滤层应用示意图

设置反滤层和垫层一方面可以起到反滤作用，防止岸坡土体被侵蚀；另一方面起排水作用，避免在护坡底面产生过高的孔隙水压力，影响护坡的稳定。此外，还可以起到护坡与下面土体之间的隔离作用。随着土工布的应用，国外在堤防护坡设计中大量使用土工布做反滤层，碎石垫层与土工布反滤层结合使用。土工布应满足强度和水力准则两方面的要求，强度方面要求在施工和运用中不被破坏，水力准则包括透水性、保土性和防淤堵三个方面的内容。

书中为避免波浪淘刷垫层颗粒引发预制块塌陷破坏，同时降低工程造价和缩短施工期，本书的护坡预制块垫层采用组合反滤式，无纺土工布位于垫层下面，起反滤与抗冲作用，垫层（砂卵石）布置于土工布与护坡块间，厚 10cm。

### 3.2.4 抗滑稳定性

护坡稳定性主要受波浪水流冲刷的影响，其稳定分析应包括单个块体的稳定和护坡结构整体抗滑稳定。《堤防工程设计规范》(GB 50286—2013) 中针对护坡设计，分别给出了单个护坡块体尺寸、重量和护坡厚度的计算公式，但未给出在波浪作用力及护坡底面扬压力作用下护坡结构的整体抗滑稳定分析方法。要满足块体护坡整体不产生滑动破坏这一稳定性条件要求，护坡重力在平行坡面方向的分量应不大于护坡与坡面之间的摩擦力。护坡底面的扬压力将使得摩擦力减小，从而导致护坡结构稳定性降低，增加块体滑动的风险。

块体护坡整体应不产生滑动破坏，要满足这一稳定条件，护坡重力在平行坡面方向的分量不应大于护坡与坡面的摩擦力。护坡底面的扬压力将使摩擦力减小，从而导致护坡结构稳定性降低，增加滑动风险。Bezui jen 等人（1990）建议，在波浪作用下所导致的摩擦力减小的范围在垂向为一个波高，如图 3-4 的区域Ⅰ。波浪作用区下面的块体阻滑力具有增加稳定性的作用，如图 3-4 的区域Ⅱ。如果块体用缆索相互连接，将会使阻滑力增加，这部分阻滑力来自于波浪作用于的上部，并通过缆索作用进行传递，如图 3-4 的区域Ⅲ。在实际工作中，应用缆索增加阻滑力是不明智的，但它有助于防止单个块体的移动。

最大摩擦力按照下式进行计算：

$$F_f = F_n f \tag{3-6}$$

式中 $F_n$——块体和反滤层之间的法向力，N；

$f$——摩擦系数，取 $f = \tan\left(\frac{2\Phi_f}{3}\right)$，$\Phi_f$ 为反滤垫层料的摩擦角，(°)。

对于水位线以下的单个块体，法向力按下式计算：

$$F_n = lbt_a(\rho_c - \rho_w)g\cos\alpha \tag{3-7}$$

式中 $l$——块体长度；

$b$——块体宽度；

$t_a$——块体厚度；

$\rho_c$——混凝土的密度；

$\rho_w$——水的密度；

$\alpha$——坡角。

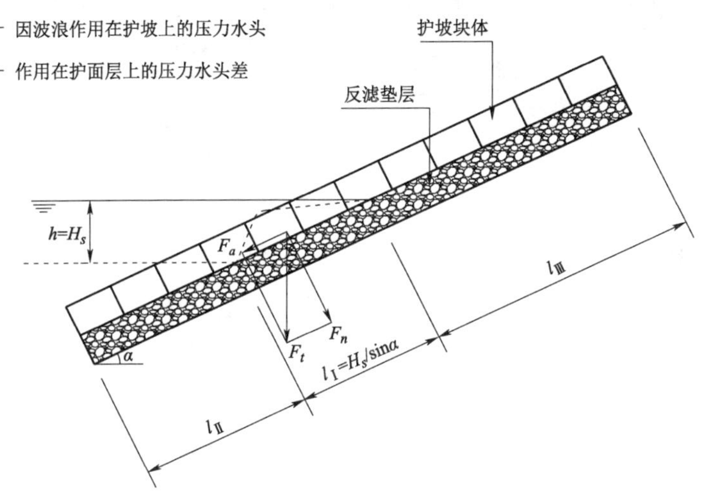


图 3-4 作用于护坡上的波浪荷载

水位线以下区域Ⅱ中一排块体的总法向力为

$$F_n = l_{\text{II}} b t_a (\rho_c - \rho_w) g\cos\alpha \tag{3-8}$$

当有缆索连接时，由区域Ⅲ水上部分块体所提供的额外法向作用力为

$$F_n = l_{\text{III}} b t_a \rho_c g\cos\alpha \tag{3-9}$$

式中 $l_{\text{III}}$——区域Ⅲ的坡面长度。

Bezui jen 等人（1990）建议，摩擦系数的计算应当采用块体与反滤垫层相互之间的摩擦角，但是实际工程应用中，摩擦角很难确定，应用$\frac{2\Phi_f}{3}$比较适宜。

假定滑动刚好发生在波浪作用之前，波浪作用区域单个块体的下滑力如下式：

$$F_a = lbt_a\rho_c g\sin\alpha \tag{3-10}$$

为了计算总的下滑力，上面的公式可以拓展到波浪作用的区域，认为该区域没有摩擦力作用，如下式：

$$F_a = l_{\mathrm{I}} bt_a\rho_c g\sin\alpha \tag{3-11}$$

式中 $l_{\mathrm{I}}$——扬压力作用的边坡长度，假设等于垂向高度 $H_s$，因此 $l_= \dfrac{H_s}{\sin\alpha}$。

为了保证不产生滑动失稳，抗滑稳定安全系数应当满足下式：

$$F_s = \frac{F_f}{F_a} > 1 \tag{3-12}$$

因此，波浪作用区下面的块体所提供的抗滑力所提供的安全系数可以应用下式计算：

$$F_s = \frac{l_{\mathrm{II}} bt_a(\rho_c - \rho_w)gf\cos\alpha}{l_{\mathrm{I}} bt_a\rho_c g\sin\alpha} \tag{3-13}$$

在用缆索连接的情况下，如上面计算的安全系数小于1，可以用下式进行安全校核：

$$F_s = \frac{l_{\mathrm{III}} bt_a\rho_c gf\cos\alpha}{l_{\mathrm{I}} bt_a\rho_c g\sin\alpha} \tag{3-14}$$

在松散块体和缆索连接的两种情况下，建议均采用式（3-13）进行护坡块体的抗滑稳定计算。但是如果安全系数介于0.95～1.0之间，建议应用式（3-14）进行校核，以考虑缆索的作用，防止底部块体滑动。

本书采用上述方法计算提出的防滑护坡混凝土预制块抗滑稳定性，由于护坡Ⅰ区与护坡Ⅱ区采用的块体形状、尺寸和重量均相同，因此可对公式（3-13）进行简化为

$$F_s = \frac{l_{\mathrm{II}}\,\mathrm{g}(\rho_c - \rho_w)f\cos\alpha}{l_{\mathrm{I}}\rho_c\sin\alpha} \tag{3-15}$$

设定堤前水深为 6m，计算堤防高度为 10m，堤防坡比为 1∶2.5（对应坡角 $\alpha=21.8^{\circ}$），波高为 $H_s=1.04$m，假定混凝土密度 $\rho_c=2400\text{kg/m}^3$，水的密度为 $\rho_w=1000\text{kg/m}^3$，反滤垫层料为护坡下设置 10cm 厚砂砾石垫层，根据经验值且考虑最不利情况下，取反滤垫层料的摩擦角 $\Phi_f$ 为 42°，则摩擦系数 $f$ 为 0.53，将以上的参数数值代入式（3-15）知：

$$F_s=\frac{(6\div \sin 21.8^{\circ})\times(2400-1000)\times 0.53\times \cos 21.8^{\circ}}{(1.04\div \sin 21.8^{\circ})\times 2400\times \sin 21.8^{\circ}}=4.46$$

通过计算，防滑护坡混凝土预制块堤防护坡的安全系数为 4.46，安全系数大于 1，整体抗滑稳定性能够满足要求。

## 3.3 本章小结

本章分析了传统光面护坡混凝土预制块的优、缺点，介绍了防滑护坡混凝土预制块的设计要求和预制块波浪要素，并对防滑式护坡混凝土预制块体型进行了设计，提出了外观尺寸、排水反滤等要求，重点介绍了波浪作用力及护坡地面扬压力作用下的护坡结构整体稳定性分析方法，计算了防滑护坡混凝土预制块的堤防护坡抗滑稳定性系数。结论如下：

（1）提出了传统光面护坡混凝土预制块便于检测、方便铺设、保障工期等优点，分析了其防滑性能差、波浪易爬高、整体不美观等不足。

（2）结合工程实际，计算了堤防护坡波浪爬高和防滑护坡混凝土预制块平面尺寸和砌块厚度。

（3）考虑到防滑护坡混凝土预制块对护坡垫层的影响，结合典型护坡工程参数，采用 Bezui jen 等人提出护坡重力在平行坡面方向的分量不应大于护坡与坡面的摩擦力的受力平衡计算方法，计算了护坡面层的抗滑稳定性，其计算结果工程稳定性满足要求。

# 4 护坡模型试验原理

水利工程物理模型是解决工程实际问题的重要手段，对于复杂的工程实际问题，直接采用基本方程求解极其困难，因此采用模型试验，可以使复杂环境条件下的工程情况在实验室得以重现。护坡模型试验用到的装置包括模型水槽、造波机和浪高仪，其中水槽尺寸根据实际护坡的尺寸大小确定，造波机用来制造满足试验需求的波浪，并用浪高仪测量波浪在护坡上的爬高。本章结合后续开展的消浪、砌缝物理模型试验，阐述有关试验研究的基本理论和方法，包括相似原理、水槽造波原理、造波原理、浪高测量原理等。

## 4.1 相似原理

### 4.1.1 流动相似

流动相似是指两个流动的相应点上的同名物理量（如速度、压强、各种作用力等）具有各自的固定比例关系，则这两个流动就是相似的。模型和原型要保证流动相似，应满足：几何相似、运动相似、动力相似、初始条件相似和边界条件相似。

1. 几何相似

几何相似是指原型和模型两个流场的几何形状相似，即原型和模型及其流动所有相应的线性变量的比值均相等。以长度比尺 $\lambda_l$ 为例，设原型的线性长度为 $l_p$，模型的线性长度为 $l_m$，则

长度比尺：
$$\lambda_l = \frac{l_p}{l_m} \tag{4-1}$$

面积比尺：
$$\lambda_A = \frac{A_p}{A_m} = \frac{l_p^2}{l_m^2} = \lambda_l^2 \tag{4-2}$$

体积比尺： $$\lambda_V=\frac{V_p}{V_m}=\frac{l_p^3}{l_m^3}=\lambda_l^3 \tag{4-3}$$

式中 $l$——几何长度；

$A$——面积；

$V$——体积。

上述符号中，$p$ 下标和 $m$ 下标分别表示原型和模型。

2. 运动相似

运动相似是指流体运动的速度场相似，也即两流场各相应点(包括边界上各点）的速度及加速度方向相同，且大小各具有同一比值。则

时间比尺： $$\lambda_t=\frac{t_p}{t_m} \tag{4-4}$$

速度比尺： $$\lambda_v=\frac{v_p}{v_m}=\frac{l_p/t_p}{l_m/t_m}=\frac{\lambda_l}{\lambda_t} \tag{4-5}$$

加速度比尺： $$\lambda_a=\frac{a_p}{a_m}=\frac{v_p/t_p}{v_m/t_m}=\frac{\lambda_v}{\lambda_t}=\frac{\lambda_l^2}{\lambda_t} \tag{4-6}$$

式中 $v$——速度；

$a$——加速度；

$t$——时间。

3. 动力相似

动力相似是指是指两流动各相应点上流体质点所受的同名力方向相同，其大小比值相等。则

动力比尺： $$\lambda_F=\frac{F_p}{F_m}=\frac{G_p}{G_m}=\frac{T_p}{T_m}=\frac{P_p}{P_m}=\frac{S_p}{S_m}=\frac{E_p}{E_m}=\frac{I_p}{I_m} \tag{4-7}$$

式中 $G$——重力；

$T$——黏滞力；

$P$——压力；

$S$——表面张力；

$E$——弹性力；

$I$——惯性力。

4. 初始条件相似

初始条件适用于非恒定流，流体流动过程的发展受到初始条件的影响，因此要使得模型与原型在流动上相似，就要保持其初始状态与原型相似，也即初始条件下的流速、加速度、密度、温度等因素。

5. 边界条件相似

边界条件也是影响流动过程的重要因素。主要受到几何相似、运动相似、动力相似三方面因素影响，如固体边界上的法线流速为零，自由液面上的压强为大气压强等。

总体来说，几何相似是运动相似和动力相似的前提与依据，动力相似是决定原型与模型流体运动相似的重要因素，运动相似是几何相似和动力相似的表现，只要流动相似的流动，则其几何相似、运动相似和动力相似。

### 4.1.2 一般相似准则

对于相似流动，各比尺的选择并不是任意的，它们之间是有着一定的关系，可以通过牛顿相似定律表述，即牛顿第二定律。则力的比尺可表示为

$$\lambda_F=\frac{F_p}{F_m}=\frac{(ma)_p}{(ma)_m}=\frac{(\rho Va)_p}{(\rho Va)_m}=\lambda_\rho\lambda_l^3\lambda_l\lambda_t^{-2}=\lambda_\rho\lambda_l^2\lambda_v^2 \tag{4-8}$$

即

$$\frac{F_p}{\rho_p l_p^2 v_p^2}=\frac{F_m}{\rho_m l_m^2 v_m^2} \tag{4-9}$$

式中 $\frac{F}{\rho l^2 v^2}$——牛顿相似准数（用 $Ne$ 表示）。

上式表明，两流动的动力相似，归结为牛顿数相等，即

$$(Ne)_p=(Ne)_m \tag{4-10}$$

上式称为牛顿相似准则，它是流动相似的一般准则。

水流运动一般都受到多种力的作用（如重力、黏滞力、表面

张力等)，但在不同的流动现象中，这些力的影响程度有所不同。要使流动完全满足牛顿相似准则，就要求作用在相应点上各种同名力具有同一力的比尺。但由于各种力的性质不同，影响它们的因素不同，实际上很难做到这一点。在某一具体流动中占主导地位的力往往只有一种，因此在模型试验中只要让这种力满足相似条件即可，这种相似虽然是近似的，但实践证明，结果是令人满意的。《波浪模型试验规程》(JTJ/T 234—2001) 规定，在进行波浪、波浪与水流及其与岸滩、建筑物等相互作用的模型设计时，应满足重力相似 (弗劳德数相似)。

### 4.1.3 重力相似准则

对流体起主要作用的是重力，因此模型设计时应满足重力相似准则，即模型和原型的弗劳德数相等，则

$$(Fr)_m = (Fr)_p \text{ 或 } \frac{v_m^2}{g_m l_m} = \frac{v_p^2}{g_p l_p} \tag{4-11}$$

由于重力加速度变化很小，可认为 $g_m = g_p$，则满足重力相似准则的各参数相似关系为

速度比尺： $$\lambda_v = \lambda_l^{0.5} \tag{4-12}$$

流量比尺： $$\lambda_Q = \lambda_l^{2.5} \tag{4-13}$$

时间比尺： $$\lambda_t = \lambda_l^{0.5} \tag{4-14}$$

力比尺： $$\lambda_F = \lambda_l^3 \tag{4-15}$$

压强比尺： $$\lambda_p = \lambda_l \tag{4-16}$$

上述符号中，$Q$ 下标表示流量，$F$ 下标表示力。

### 4.1.4 垫层材料相似

由于本书模型试验主要探讨坡面爬高及砌缝宽度对坝体内部应力的影响，因此，主要考虑土石料模型试验材料的关键参数变化。决定土石料强度的主要因素包括黏聚力和内摩擦角，内摩擦角为无量纲参数，不受模型相似比尺影响，因此，在模型试验材

料确定中应确保模型中土石料的内摩擦角与原型保持一致。而黏聚力应满足应力相似条件，即

$$C_p/C_m = \lambda_l \frac{\rho_m}{\rho_p} \tag{4-17}$$

式中 $C$——黏聚力。

由式（4－17）可知，模型的值远小于原型。如果值过大，模型将很难破坏。因此，在选择模型材料时，应尽可能选择值较小的材料。由于很难选择一种完全满足相似关系要求的模型材料，模型试验中一般应用原型材料作为坝体填筑材料以保证材料的应力应变特性和其他力学特性与原型相似。受模型水槽尺寸的限制，室内土工试验材料的级配一般按照原型材料的级配根据一定的相似比尺缩尺得到。

《土工试验方法标准》（GB/T 50123—2019）推荐的原型材料的缩尺方法包括剔除法、相似级配法、等量替代法以及混合法等，但这些方法都存在两个明显的缺陷：一是根据缩尺规则计算缩尺后各粒组的百分含量时，有时过程较为烦琐，比如，混合法是相似级配法和等量替代法的综合运用，为了得到满意的细颗粒含量，经常需要先选择几组不同的相似级配缩尺比例，然后再分别经过等量替代法进行试算得到最终的试验级配；二是缩尺后的级配及原级配目前都是用各粒组含量或级配曲线表示，它们之间在“量值”上的内在联系或差异很难定量描述，使得缩尺效应的研究无法全面系统地进行。为此本文依据郭万里提出的一种可弥补上述缺陷，且适用于各种连续级配粗粒料的级配方程：

$$P = \frac{100 - C}{(1-b)\left(\frac{d_{\max}}{d}\right)^m + b} + C \tag{4-18}$$

式中 $d$——级配范围内任意粒径，mm；

$P$——粒径小于 $d$ 的颗粒所占百分比，%；

$d_{\max}$——最大粒径，mm；

$b$、$m$——参数。

通过理论推导得到缩尺后级配方程的新参数 $d_{max}$、$b$ 和 $m$ 与原方程参数之间的关系，然后直接给出缩尺后的级配方程。

## 4.2 水槽造波原理

造波是一项重要的试验技术，造波机作为一种重要的实验室装置，在船舶、港口、海岸工程、海洋工程等领域占有重要的位置，它的作用是在试验水池中造出不同波长和波高的波浪，模拟实际波浪对船舶或建筑等的影响，以测定各种技术数据，为相关设计提供依据。

造波机有仅能产生规则波的，亦有既能产生规则波又能产生不规则波的，前者结构比较简单，通常以稳定电源输入变速电动机，带动机械转动及减速装置，驱动生波器，在水槽中生波，生波器或生波板的冲程可以调节，以适应不同波高的要求。调节的方法，有用电动机控制无需停机的，亦有用人工控制需停机操作的。借助于齿轮减速装置的不同减速比和调节变速电动机的转速，可以在一定范围内连续、无极变化波周期。通过冲程的和转速的控制，可以产生所需要的波高和周期或波长。

造波机有多种运动方式，例如：

(1) 生波板与槽底铰接，围绕铰接点而转动。此种生波装置结构比较简单，适用于产生深水波。对规则波而言，生波板偏离垂直位置的最大偏角以不超过±12°为宜，否则波高加大不多，而波形将变坏，出现次峰。

(2) 生波板与水槽底面垂直，平行于其本身作水平运动，适用于产生潜水波。此种造波机在设计上的主要问题为作用于传动杆上的集中荷重与生波板上的分布荷重较难配合，易使生波板产生振动并扭曲。

(3) 生波板既能平动又能同时转动，其在水面的运动幅度大于水底的运动振幅，适用于产生过渡区的波浪。此种造波机亦可调节使生波板只作水平运动或只围绕底部转动，即兼具有上述(1)(2)两种造波机的功能，使用方便，但造价较高。

(4) 以冲击器生波。冲击器断面可为三角形、四边形或接近四分之一圆的圆弧形，后壁自立。冲击器部分浸入水体，作上下垂直运动，冲击水面造成波浪，适用于产生深水波，此种类型的造波机自冲击器发生再反射的波能较小，在船池试验中应用较广。

(5) 以锲形体生波。锲形体部分浸入水中，断面为三角形或四边形，前缘为垂直面。锲形体沿斜面往复滑行，冲击水面产生波浪。此种造波机为(2)和(4)两种造波机的混合型，其优点是生波器背无波，并能产生波形较好的大波。英国 Wallingford 水工研究站的经验为当水槽及港池中的水深大于 60cm 时，倾向于采用此种形式的造波机，因水深较大时，锲形体的平均入水深度可以调节。其缺点是体型大，机械结构复杂以及有较大的浮力。

(6) 以双折板生波。亦即生波板由上下两块板铰接而成，下面一块生波板与槽底铰接，采用双折板的目的，在使生波板的运动尽可能与波动水流中水质点的运动相符合，以产生较好的波形。单块生波板生波时，对单一波长波形最完善。波长如小得多，有可能引起横向共振；波长如大得多，常会出现双峰。双折板的有点在于能扩大波形良好的频带范围。对于较小的波长，能使横向振动减弱；对于较大的波长，能避免出现双峰波。双折板的上下两块生波板，既可作同向或反向的独立运动，亦可调节成一个刚性整体，与单块板相似，绕槽底铰接点而转动。

以上所列举的为几种主要的生波器类型。目前各国所采用的生波器，其类型不下数十种之多。根据调查结果，其中以 1 型最多，2 型次之。本项目模型试验所采用的是第 (2) 中生波器通过调节变速电动机的转速，产生所需要的各种波高的规则波浪。

本书采用 1 型造波机，通过造波机控制器调节电机转速，电机带动转盘转动，然后通过连杆推动生波板来回摆动生波。造波

机转盘上开有槽孔，连杆与转盘衔接位置可通过槽孔调节，这样可以调节推板的转动角度。

## 4.3 波浪爬高原理

波浪爬高是波浪在斜坡上上爬高程与静水位高程之差，即波浪在岸坡上的最高爬高点与静水位间的垂直距离。波浪爬高的确定在斜坡堤设计中是一个十分关键的参数，它直接影响到堤顶高程的大小，而堤身的工程量与堤高的平方成正比，所以爬高对工程量的影响极大，波浪爬高是确定海堤、护岸等工程顶高程的主要因素，直接影响工程的造价和工程的安全。

斜坡式护坡有单坡式和贷平台的复式断面两种断面形式，受波浪水流复杂性影响，目前对波浪在斜坡上的爬高研究有理论研究、模型试验研究和理论与经验相结合的办法。有研究表明，影响波浪爬高的因素很多，主要包括以下几个因素：

（1）入射波的波浪要素，包括入射波波高、波长和波周期等。

（2）堤前条件，包括堤前水深、河床底坡等。

（3）岸坡的坡度大小。

（4）坡面特性，包括堤面糙率和渗水性能。

（5）复式断面的平台特性，包括平台宽度和平台水深等。

（6）入射波的作用方向等。

如前所述，由于波浪在斜坡上的爬高影响因素很多，各家研究波浪爬高的侧重点也各有不同，试验方法和手段各有差异，所以研究结论不尽相同，但是波浪正向作用于单坡上的爬高的计算方法，相对比较完善，下面列举了一些比较有代表性的计算波浪在斜坡上爬高的公式。

1. Ahrens 经验公式

John. P. Ahrens（1981）根据当时已有文献的试验资料，得出了简单的关于光滑不透水单坡上波浪爬高的计算公式：

$$\frac{R_x}{H_s}=C_1+C_2\frac{H_s}{gT_p^2}+C_3\left(\frac{H_s}{gT_p^2}\right)^2 \qquad (4-19)$$

式中　$R_x$——波浪爬高；

$H_s$——有效波高；$C_1$、$C_2$、$C_3$ 为相关系数，由试验确定；

$T_p$——谱风周期；

$g$——重力加速度。

2. Takada 经验公式

Takada（1970—1974）也提出了如下波浪爬高计算公式，也称高田公式：

$$\frac{R_0}{H_0}=\left[\sqrt{\frac{\pi}{2\alpha}}+(\frac{\eta_s}{H}-1)\right]K_s \qquad \alpha\geqslant\alpha_c \qquad (4-20)$$

$$\frac{R_0}{H_0}=\left[\sqrt{\frac{\pi}{2\alpha_c}}+(\frac{\eta_s}{H}-1)\right]K_s(\frac{\cot\alpha_c}{\cot\alpha})^{\frac{2}{3}} \qquad \alpha\leqslant\alpha_c \qquad (4-21)$$

$$\frac{\eta_s}{H}=1+\pi\frac{H}{L}\coth kh \qquad \text{森佛罗} \qquad (4-22)$$

$$\frac{\eta_s}{H}=1+\pi\frac{H}{L}\coth kh(1+\frac{3}{4\sinh^2 kh}-\frac{1}{4\cosh^2 kh})$$

米歇　(4-23)

式中　$R$——波浪爬高；

$H_0$——深水波高；

$H$——刚好在斜坡前沿处的推进波波高；

$K_s$——浅水系数；

$k$——波数，$k=\frac{2\pi}{L}$，$L$ 为波长；

$\alpha_c$——临界坡度。

3. 海港水文规范公式

《海港水文规范》（JTS 145—2015）和《内河航道与港口水流泥沙模拟技术规程》对斜坡式护岸上的波浪爬高按照以下公式计算：

$$R_{1\%}=K_\Delta K_w R_1 H_{1\%} \qquad (4-24)$$

$$R_1 = K_1 \text{th}(0.432M) + [(R_1)_m - K_2]R(M) \quad (4-25)$$

$$M = \frac{1}{m}\left(\frac{L}{H_{1\%}}\right)^{0.5}\left(\text{th}\frac{2\pi d}{L}\right)^{-0.5} \quad (4-26)$$

$$(R_1)_m = \frac{K_3}{2}\text{th}\frac{2\pi d}{L}\left(1 + \frac{\frac{4\pi d}{L}}{\text{sh}\frac{4\pi d}{L}}\right) \quad (4-27)$$

$$R(M) = 1.09M^{3.23}\exp(-1.25M) \quad (4-28)$$

式中　$R_{1\%}$——累计频率1%的波浪爬高；

$R_1$——$K_\Delta=1$、$H=1$m时的波浪爬高，m；

$K_\Delta$——与斜坡护面结构型式有关的糙率及渗透性系数，见表4-1；

$K_w$——与风速相关的系数；

$M$——与斜坡坡率$m$有关的函数；

$(R_1)_m$——相应于某一$d/L$时的爬高最大值，m；

$R(M)$——爬高函数；

$m$——斜坡坡度系数，斜坡坡度为$1:m$；

$L$——波长，m；

$d$——建筑物前水深，m；

$K_1$、$K_2$、$K_3$——系数，按规范分别取。

**表4-1　糙率及渗透性系数$K_\Delta$**

| 护面类型 | $K_\Delta$ |
|---|---|
| 光滑不透水护面（沥青混凝土、混凝土） | 1.0 |
| 混凝土板 | 0.95 |
| 草皮 | 0.90 |
| 砌石 | 0.80 |
| 抛填两层块石（不透水堤心） | 0.60～0.65 |
| 抛填两层块石（透水堤心） | 0.50～0.55 |

4. 堤防工程设计规范公式

《堤防工程设计规范》(GB 50286—2013) C.3.1 中关于波浪爬高计算这样规定，在风的直接作用下，正向来波在单一斜坡上的波浪爬高可按下列要求确定：

(1) 当斜坡坡率 $m=1.5\sim5.0$，$\overline{H}/L\geqslant0.025$，可按下式计算：

$$R_P=\frac{K_\Delta K_V K_P}{\sqrt{1+m^2}}\sqrt{\overline{H}L} \tag{4-29}$$

$$m=\cot\alpha$$

式中 $R_P$——累计频率为 $P$ 的波浪爬高，m；

$K_\Delta$——斜坡的糙率及渗透系数，可按表 4-1 确定；

$K_V$——经验系数，可根据风速 $V$ (m/s)、堤前水深 $d$ (m)、重力加速度 $g$ (m/s$^2$) 组成的无维量$V/\sqrt{gd}$，可按表4-2确定；

$K_P$——$R_P$ 和平均爬高 $\overline{R}$ 比值 $R_P/\overline{R}$ 的爬高累计频率换算系数，可按表 4-3 确定；

$m$——斜坡坡率；

$\overline{H}$——堤前波浪平均爬高，m；

$L$——堤前波浪的波长。

**表 4-2　经验系数 $K_V$**

| $V/\sqrt{gd}$ | ≤1 | 1.5 | 2 | 2.5 | 3 | 3.5 | 4 | ≥5 |
|---|---|---|---|---|---|---|---|---|
| $K_V$ | 1 | 1.02 | 1.08 | 1.16 | 1.22 | 1.25 | 1.28 | 1.30 |

(2) 当斜坡坡率 $m\leqslant1.0$、$\overline{H}/L\geqslant0.025$ 时，可按式 (4-30) 计算：

$$R_P=K_\Delta K_V K_P R_0\overline{H} \tag{4-30}$$

式中 $R_0$——无风情况下，光滑不透水护面 ($K_\Delta=1$)、$\overline{H}=1$m 时的爬高值，可按表 4-4 确定。

(3) 当 $1.0<m<1.5$ 时，可由 $m=1.0$ 和 $m=1.5$ 的计算值

按内插法确定。

表 4-3 爬高累积频率换算系数 $K_P$

| $\overline{H}/d$ | P/% | | | | | | | | | |
|---|---|---|---|---|---|---|---|---|---|---|
| | 0.1 | 1 | 2 | 3 | 4 | 5 | 10 | 13 | 20 | 50 |
| <0.1 | 2.66 | 2.23 | 2.07 | 1.97 | 1.90 | 1.84 | 1.64 | 1.54 | 1.39 | 0.96 |
| 0.1～0.3 | 2.44 | 2.08 | 1.94 | 1.86 | 1.80 | 1.75 | 1.57 | 1.48 | 1.36 | 0.97 |
| >0.3 | 2.13 | 1.86 | 1.76 | 1.70 | 1.65 | 1.61 | 1.48 | 1.40 | 1.31 | 0.99 |

表 4-4 $R_0$ 值

| $m=\cot\alpha$ | 0 | 0.5 | 1.0 |
|---|---|---|---|
| $R_0$ | 1.24 | 1.45 | 2.20 |

5. 陈国平公式

南京水利科学研究院陈国平等根据试验资料，建议波浪爬高分布按韦伯分布计算，采用单元线性回归方法确定不同区域的波浪爬高：

$$\frac{R}{H}=k_w f(I_s) \tag{4-31}$$

$$I_s=1/(m\sqrt{2\pi H/gT^2}) \tag{4-32}$$

对于单坡情况：

$$\begin{cases}R_0/H=k_\Delta k_w(2.976-0.16I_s) & I_s\geqslant 2.8\\ R_0/H=k_\Delta k_w(1.294+0.441I_s) & I_s<2.8\end{cases} \tag{4-33}$$

式中 $R_0$——单坡有效波浪爬高；

$k_\Delta$——糙渗系数；

$k_w$——风速影响系数；

$H$——来波波高；

$T$——来波周期；

$m$——斜坡坡率。

6. 程时长公式

程时长等根据鄱阳湖原型观测爬高资料，分析得出风浪爬高与糙率、斜坡坡度之间的关系，如式（4－34）所示，该式涉及的参数只有三个，较易确定波浪爬高值，计算结果与鄱阳湖实测值也较为吻合。

$$R=\frac{0.266}{\sqrt{n}}H^{0.743}m^{0.479} \tag{4-34}$$

式中 $n$——坡面糙率，砌石护面取 0.025；

$H$——来波波高；

$m$——斜坡坡度。

研究表明，采用上述公式在计算堤坝波浪爬高时，各计算公式的计算结果差异较大，其中堤防工程设计规范公式用于小边坡或者波浪较大时，计算结果差异较大，而采用海港水文规范公式和陈国平公示计算结果接近。因此，在计算波浪爬高时，应充分考虑所处的地域性，选择事宜本地区的波浪爬高计算方法。

## 4.4 浪高测量原理

波浪爬高的测量是堤坝安全监测的一项重要内容，波浪爬高常采用电容式和电阻式压力计、电子水尺等仪器进行观测。其中，采用电子水尺测量波浪爬高，通常将电子水尺铺设在堤坝上，水尺表面毛刺为不锈钢探针，通过将探针的一端与内部电路连接，另一端暴露在外面，然后电子水尺利用水的电导性来模拟传统的人工观测水尺，并依次读取探针的电导，当波浪爬高到达某一探针位置时，探针间的电导会突然增大，由此判断出波浪爬高情况。然而电子水尺的测量误差与测针间距有关，间距越大，测量误差越大，且受电子水尺与垂直方向的夹角影响。另外，由于电子水尺利用水的电导性，当水面在探针之间升降时，探针并不能瞬间由潮湿状态转到干燥绝缘状态，即电导不能发生突变，从而影响了电子水尺测量的灵敏度，增大了电子水尺的测量误

差。因此传统的波浪爬高测量方法，存在局限性。

近几年我国在海洋观测的海岸测量中，采用近岸视频测量波浪爬高的方法，以此观测近岸海浪、海流等水文参数，如近岸海浪、海流等，通过拍摄海岸上一段连续时间内的波浪爬高图像序列，在图像序列上取某一个固定位置作为观测点，建立该图像序列的波浪爬高时间堆栈图像，通过对时间堆栈图像进行图像预处理，从而找出时间堆栈图像从第一列到最后一列所经过的所有路径中像素值之和最小的路径，把该路径作为波浪爬高的上端边缘曲线，为以后进一步研究波浪爬高的相关参数打下基础。

本书参考近岸视频测量技术，将摄像机安装在岸边，进而拍摄近岸的图像，并将拍摄的图像进行处理分析，如图 4-1 所示。

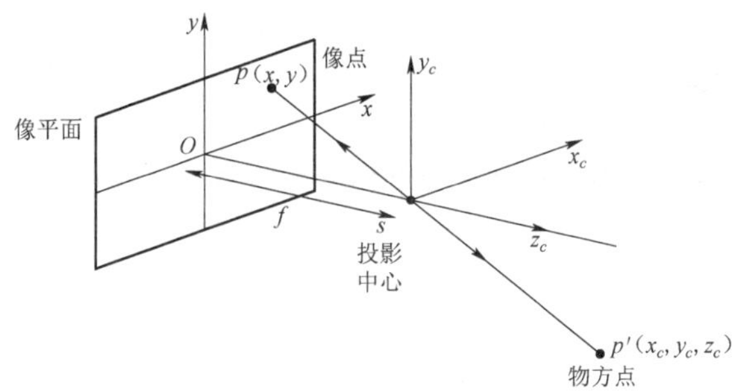


图 4-1 相机成像原理示意图

从图 4-1 可知，采用近岸视频测量得到的坐标 $x$、$y$ 可表示为

$$x = \frac{fx_c}{z_c} \tag{4-35}$$

$$y = \frac{fy_c}{z_c} \tag{4-36}$$

式中 $x$、$y$——像点的像平面坐标；

$f$——相片的主距；

$x_c$、$y_c$、$z_c$——对应物像点在坐标系中的坐标。

由式（4-14）、式（4-15）可知，当所有物方点处于一个平面，且这个平面与像平面平行时，即$\frac{f}{z_c}$为实常数，物方点只是按一定比例缩小。

为更精确地测量护坡波浪爬高，根据以上原理，在护坡两侧设置标尺，为了避免测量过程中可能出现的图像畸形，应确保护坡坡面与摄像头镜头平行，由此摄像机拍摄的波浪在护坡上的实际爬高位置即是波浪爬高的标尺读数，测量中只需要找到摄像视频中波浪爬高的最高点即是波浪的实际爬高。在摄像视频处理中，采用视频播放软件进行视频播放，然后找到波浪爬高的最高点并截图，最后用 CAD 软件进行图片处理，即可得到最大波浪爬高。

## 4.5 本章小结

本章就护坡模型试验中涉及的相似原理、水槽造波原理、波浪爬高原理、浪高测量原理进行了总结和分析，并得出以下结论：

(1) 介绍了护坡抑浪模型中涉及的流动相似准则、一般相似准则、重力形式准则，并考虑开展护坡砌缝物理模型试验的需要，介绍了垫层相似原理。

(2) 介绍了模型试验采用的造波机作用原理，并重点阐述了波浪爬高的测试原理和方法。

(3) 分析总结了波浪爬高影响因素，并介绍了 Ahrens 经验公式等 6 种常用的波浪在斜坡上爬高的计算方法。

# 5 防滑护坡混凝土预制块结构改良试验

针对传统的光面预制块护坡表面平整光滑，防滑抑浪效果差等不足，本章基于第三章提出的防滑护坡混凝土预制块，开展了改良后的护坡预制块的防滑、抑浪效果试验研究，验证了改良护坡混凝土预制块“防滑、抑浪、安全、美观”的应用效果。

## 5.1 结构改良试验分析

### 5.1.1 安全

防滑护坡混凝土预制块大大增加了施工作业、防汛抢险、维修养护人员在坡面作业时的安全，同时一定程度上保障了非必要涉坡人员尤其是小孩和学生的安全。加之预制块侧面梯形凹槽的设计，增大了接触面积，改善了原有的光面接触，在保持砌块易于铺设的条件下，使得砌块侧面接触处黏结力更强，其整体性能和安全性能得到有效增加。

### 5.1.2 美观

防滑护坡混凝土预制块在表面增加条纹和图案（如中国水利标志、建设单位名称、建设年代和其他立体几何图形等），使得原本较为呆板的护坡混凝土预制块变得生动、美观，美学在护坡混凝土预制块中又得到了展现，增加的文字也体现了记载历史的功能。

### 5.1.3 防滑

防滑护坡混凝土预制块在表面增加凸出的文字、条纹和图案，有效地增加了护坡混凝土预制块与人体脚底（鞋底）的摩擦力，防止涉坡人员打滑摔倒，极大地避免了人员伤亡。现参照摆锤式阻滑值测定仪测定路面摩擦系数的方法，测定传统光面护坡混凝土预制块的防滑值，并通过混凝土剪切试验求得防滑护坡混凝土预制块凸条与实体之间的剪切强度，将防滑护坡混凝土预制块与传统光面护坡混凝土预制块的防滑值进行对比，评定防滑护坡混凝土预制块的抗滑能力。其中传统光面护坡混凝土预制块的防滑值采用摆值仪测定，通过进行室内外水泥混凝土路面抗滑性能，光面水泥混凝土路面摆值 $BPN$ 为 33，摩擦系数为 0.33。

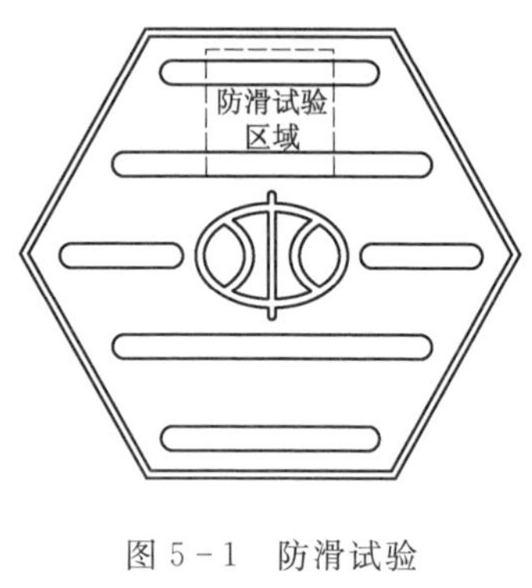


图 5－1　防滑试验区域示意图

为了对比分析防滑护坡混凝土预制块与传统光面护坡混凝土预制块的防滑性能，选定防滑护坡混凝土预制块试验区域（图 5－1），同时考虑到模型试验的成型及最不利工况条件，选取防滑试验区域内 1 条凸条情况下时防滑护坡预制块本体与防滑凸条之间的剪切力，以求得抗剪强度参数（摩擦系数 $f$ 和黏聚力强度 $c$），评定防滑护坡混凝土预制块的抗滑能力。图 5－2 为模型试验图（立面图、俯视图及平视图）。

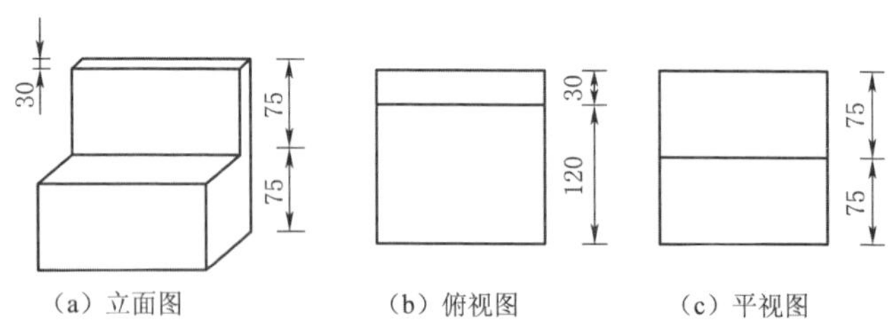


图 5－2　模型试验图（单位：mm）

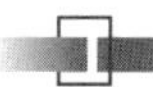

1. 试验仪器设备

YZW50 微机控制电动应力式直剪仪，主要适用于岩石结构面（如节理面、层里面、片里面、劈裂面等位置）、岩石本身及混凝土或砂浆与岩石胶结面的直剪试验，以及混凝土与其他材料结合面抗剪断强度试验，其实物图如图 5-3 所示。

设备参数：法向额定压力：$F\leqslant300$kN；切向额定压力：$F\leqslant500$kN；法向空间：≤450mm；横向空间：≤200mm；剪切荷载速度 $V$：0.1～35kN/s；荷载指示精度：0.01kN；位移测量：微机采集 0.001mm。

2. 主要操作步骤

（1）试验模型成型。依据图 5-2 所示成型试验模型 3 组，每组 3 块，并在标准状态下养护 28d，如图 5-4 所示，试验所用原材料按第 7 章 7.1 试验原材料选用。

图 5-3 微机控制电动应力式直剪仪

图 5-4 实验试件实体图

（2）剪切试验测试。对 3 组试件施加不同的法向荷载，用平推法施加水平剪切力，测试不同法向压力下试验模型接触面抗剪强度，并用最小二乘法求得式（5-1）中的摩擦系数 $f$ 和黏聚力强度 $c$，模型剪切试验如图 5-5 所示。

图 5－5 模型剪切试验

$$\tau = f\sigma + c \quad (5-1)$$

式中 $c$——剪切面黏聚力强度，MPa；

$f$——剪切面的摩擦系数；

$\sigma$——作用在结构面上的法向应力，MPa；

$\tau$——抗剪强度，MPa。

表 5－1 为不同法向应力作用下的结构面抗剪强度特性，根据表 5－1 可绘制图5－6，从图 5－6 可知，抗剪强度特性参数拟合的曲线相关性较好，相对系数 $R^2$ 为 0.966，线性表达式为 $\tau=2.204\sigma+5.593$，根据式（5－1）可知，摩擦系数 $f$ 为 2.204，黏聚力 $c$ 为 5.593MPa。

**表 5－1 不同法向应力作用下的结构面抗剪强度特性**

| 序号 | 法向应力/MPa | 抗剪强度/MPa | 平均抗剪强度/MPa | 剪切面的摩擦系数 $f$ | 剪切面黏聚力强度 $c$/MPa |
|---|---|---|---|---|---|
| 1 | 0.3 | 6.7 | 6.54 | 2.204 | 5.593 |
| 2 | | 6.2 | | | |
| 3 | | 6.3 | | | |
| 4 | 1.5 | 7.8 | 8.33 | | |
| 5 | | 6.8 | | | |
| 6 | | 7.4 | | | |
| 7 | 2.7 | 9.8 | 11.83 | | |
| 8 | | 9.2 | | | |
| 9 | | 9.5 | | | |

现考虑最不利情况，以 1∶2.0 的护坡坡比，150kg 的成年人，鞋底接触面鞋宽 0.1m 为参考，分别计算在传统混凝土预制块护坡上和防滑式混凝土预制块护坡的抗滑力。

传统混凝土预制块护坡上摩擦系数以光面水泥混凝土路面摆

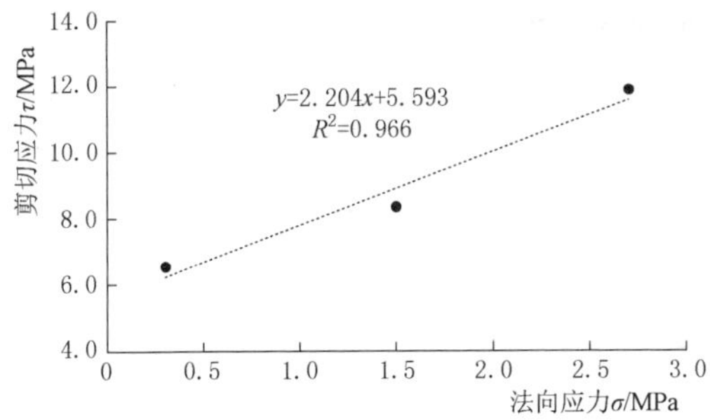


图 5-6 不同法向应力作用下的结构面抗剪强度

值 $BPN$ 为 33，摩擦系数为 0.33 计，计算如下：

$$抗滑力\ F_1=150\times10\times\frac{2}{\sqrt{5}}\times0.33=442.74\text{kN}$$

防滑式混凝土预制块护坡抗滑力等于剪切力为

$$抗滑力\ F_2=\left(\frac{150\times10\times\frac{2}{\sqrt{5}}}{0.03\times0.1\times1000}\times2.204+5.593\right)\times0.03\times0.1\times10^3=2974.77\text{kN}$$

$$比值=\frac{抗滑力\ F_1}{抗滑力\ F_2}=\frac{2974.77\text{kN}}{442.74\text{kN}}\approx6.72$$

3. 结果分析

从比对分析来看，在最不利情况下，防滑护坡混凝土预制块护坡抗滑力相比传统混凝土预制块护坡提高至少 6.7 倍。

### 5.1.4 抑浪

护坡抑浪效果的一个重要指标就是护坡波浪爬高，波浪爬高是堤防设计中一个重要的参数，直接影响到堤顶高程、工程安全、工程量造价。为验证防滑预制块的抑浪效果，选取某堤防断面为例，通过室内波浪爬高模型试验，将防滑护坡混凝土预制块与光面护坡混凝土预制块的波浪爬高情况进行对比，以评定防滑护坡混凝土预制块的抑浪效果。

1. 断面模型

根据《波浪模型试验规程》（JTJ/T 234—2001）规定，波浪物理模型试验宜采用正态模型，其中正态模型的长度比尺应满足斜坡式断面物理模型长度比尺 $\lambda_l \leqslant 40$，本书选取的堤防断面护坡前坡比为 1∶2.10，护坡后坡比为 1∶2.50，堤顶宽为 5m，典型断面堤防高 5m，堤前水深 3m，抑浪模型试验在南昌大学的波浪水槽，水槽尺寸为长 10m×宽 0.4m×高 1m，工作水深 0.2～0.6m，试验水槽剖面图、立视图、俯视图如图 5-7～图 5-9 所示，结合试验场地及所选用的试验仪器设备，确定的长度比尺为 $\lambda_l=10$，根据第 4 章的重力相似准则可以求得其他的物理量比尺分别为：

速度比尺：$\lambda_v=\lambda_l^{0.5}=3.16$

流量比尺：$\lambda_Q=\lambda_l^{2.5}=316.23$

时间比尺：$\lambda_t=\lambda_l^{0.5}=3.16$

力比尺：$\lambda_F=\lambda_l^{3}=1000$

压强比尺：$\lambda_p=\lambda_l=10$

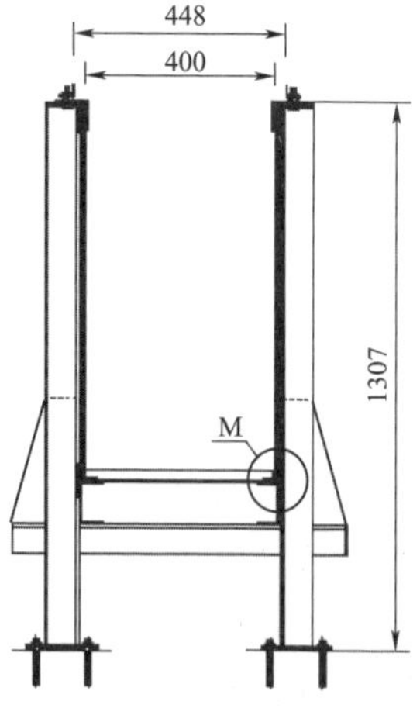


图 5-7 水槽剖面（单位：mm）

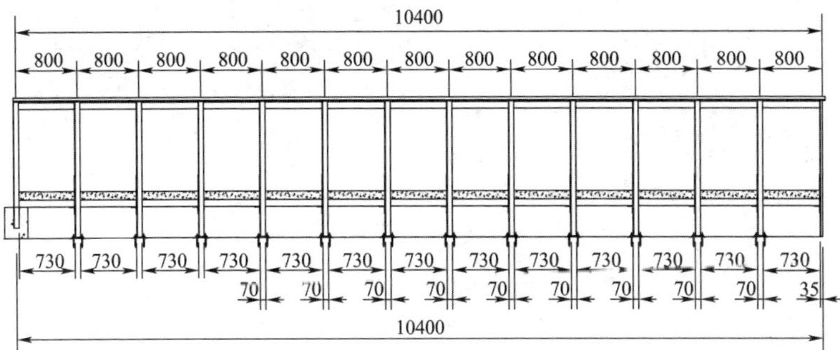


图 5－8　水槽立视图（单位：mm）

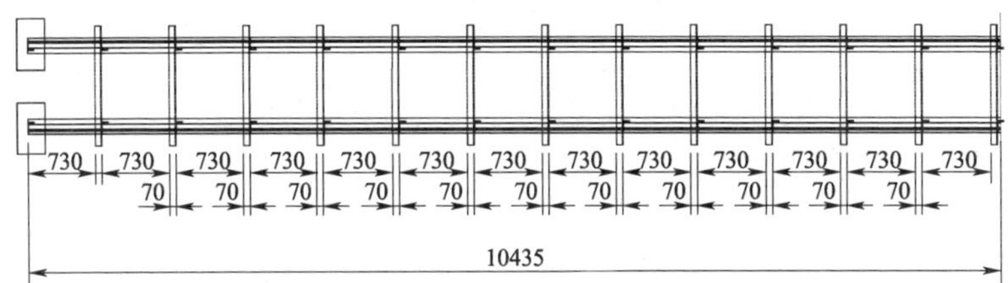


图 5－9　水槽俯视图

抑浪模型试验采用的造波机为南昌大学研制的滑动型无级变速多连杆式变频造波机，该造波机通过控制器调节电机转速，电机带动转盘转动，然后通过连杆推动生波板来回摆动造波，造波机转盘上开有槽孔，连杆与转盘衔接位置可通过槽孔调节，这样可以调节推板的转动角度。通过改变转盘上球形铰的位置及电动机频率产生规则和不规则波的技术，可用于室内复杂随机波浪模型试验模拟。造波机侧视图、电机如图 5－10～图 5－12。

根据重力相似准则，综合考虑造波机和试验水槽的性能以及试验需要，试验主要参数选取为堤防模型高度 0.5m，堤顶宽度为 0.12m，护坡后坡比为 1：2.50。模型试验段位于波浪水槽的后部，堤防模型剖面图如图 5－13 所示（图中孔隙水压力计埋设情况在第 6 章重点介绍）。

图 5-10 造波机侧视图、俯视图

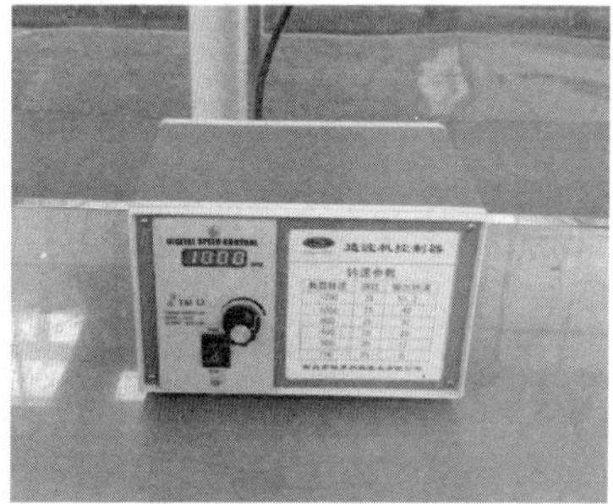


图 5-11 造波机电机图、转速控制器

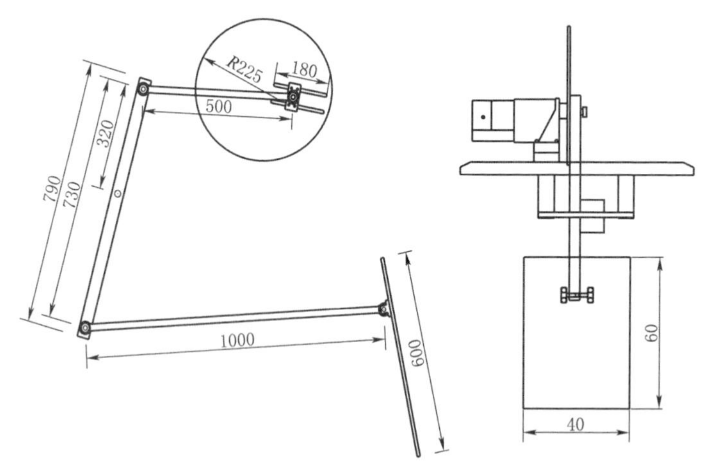


图 5-12 造波机结构侧视图、正视图

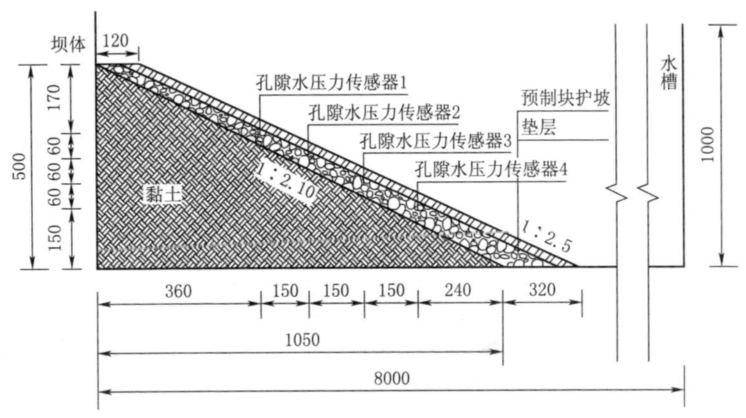


图 5-13 堤防模型（单位：mm）

2. 试验材料

为真实地还原堤防护坡，护坡用黏土、砂卵石垫层按照郭万里提出的粗粒料级配缩尺方法进行配置。

（1）实际筑坝用料。

1）土料：第四系全新统残坡积层低液限黏土，局部为含砾低液限黏土，呈红褐色，稍湿，硬塑状。根据室内试验，土料 $W=29.4\%$，$\rho_d=1.49\text{g/cm}^3$，$I_p=19.9$，$K=2.47\times10^{-7}\text{cm/s}$，$C=5\text{kPa}$，$\varphi=13.8°$。土颗粒级配见表 5-2。

**表 5-2 土颗粒级配表**

| 公称直径/mm | 0.25～0.075 | 0.075～0.0005 | <0.0005 |
|---|---|---|---|
| 分计筛余百分率/% | 0.7 | 64.5 | 34.8 |
| 累计筛余百分率/% | 0.7 | 71.5 | 100.0 |

2）砂料：颗粒级配良好、质地坚硬中砂，细度模数 3.43，砂中不含杂草、树根等有机杂质，含泥量小于 5%，砂颗粒级配见表 5-3。

表 5-3　　　　砂颗粒级配表

| 公称直径/mm | 5.0 | 2.5 | 1.25 | 0.63 | 0.315 | 0.16 | 底盘 |
|---|---|---|---|---|---|---|---|
| 分计筛余百分率/% | 6.5 | 22.7 | 24.3 | 25.5 | 15.2 | 3.1 | 2.7 |
| 累计筛余百分率/% | 6.5 | 29.2 | 53.5 | 79.0 | 94.2 | 97.3 | 100.0 |

3）卵石：自然级配的砂卵石混合物，不含植物残体、垃圾等杂物，含泥量小于 5%，卵石颗粒级配见表 5-4。

表 5-4　　　　卵石颗粒级配表

| 公称直径/mm | 40 | 30 | 20 | 10 | 5 | 底盘 |
|---|---|---|---|---|---|---|
| 分计筛余百分率/% | 16.8 | 43.6 | 38.2 | 1.2 | 0 | 0.2 |
| 累计筛余百分率/% | 16.8 | 60.4 | 98.6 | 99.8 | 99.8 | 100.0 |

（2）模型试验用料。为满足模型试验相似原则，根据原坝体的黏土及砂卵石垫层来模拟铺设。下层黏土由于对整个试验结果影响较小，采用原坝体黏土铺设后夯实，而在坝体表层为了不影响试验结果，表层黏土及砂卵石垫层根据颗粒分析情况采用式（4-17）、式（4-18）换算后得出。换算后实际铺设情况如图 5-14 所示。

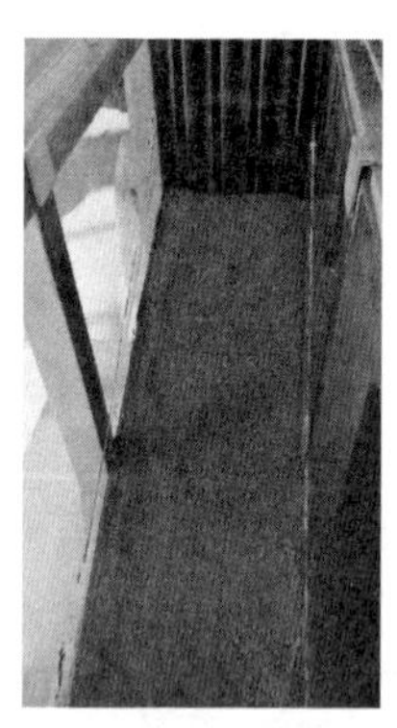
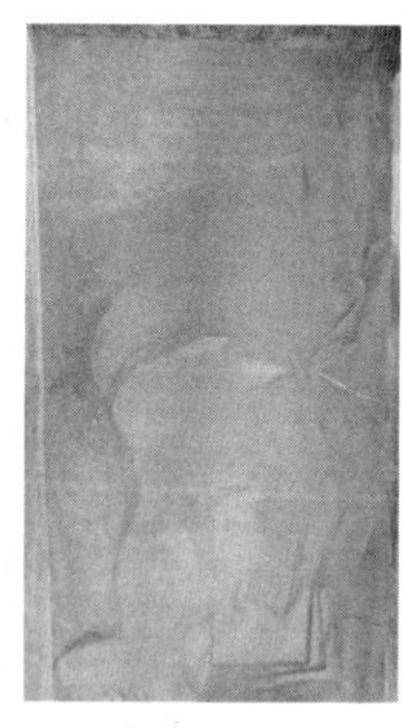
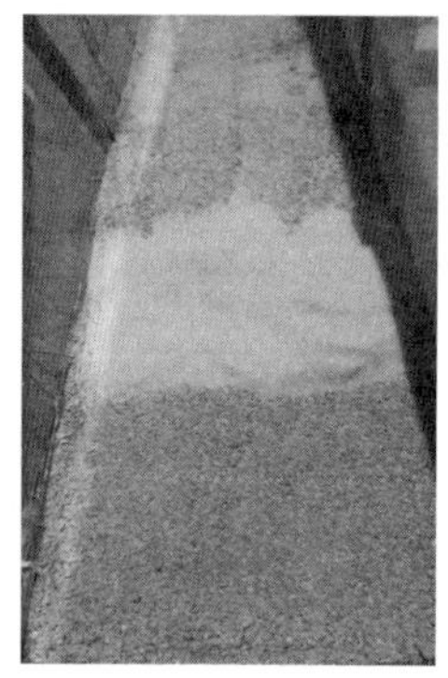

图 5-14　黏土及砂卵石垫层铺设

根据第 3 章防滑护坡混凝土预制块体型结构设计中计算的预制块尺寸，按几何比尺 1∶10 制作预制块模型。其中光面预制块

结构尺寸按《水工设计手册》规定取值，《水工设计手册》对于六面体预制块护坡规定边长尺寸为 0.3～0.4m，厚度0.15～0.20m。

（1）光面预制块模型。本书取光面预制块边长 0.3m，厚 0.11m，按比尺 1∶10 制作模型为边长 3cm，厚 1.1cm。对于传统光面预制块护坡《堤防工程设计规范》规定：水泥土、浆砌石、混凝土等护坡应设置排水孔，孔径可为 50～100mm，孔距可为 2～3m，宜呈梅花形布置。光面预制块模型则要求孔径为 5～10mm，孔距为 20～30cm，本次模型试验中光面预制块模型设排水孔预制块与不设排水孔预制块个数比为 1∶4，排水孔径为 10mm，孔距为 27.71cm，满足规范要求。

（2）防滑护坡混凝土预制块模型。防滑护坡混凝土预制块边长为 0.3m，厚度为 0.11m，采用比尺 1∶10 制作防滑护坡混凝土模型。光面护坡混凝土预制块及防滑护坡混凝土预制块成型过程如图 5－15 所示。铺设后模型为图 5－16。

（a）刷模　（b）搅拌　（c）浇筑

（d）成型　（e）拆模　（f）养护后

图 5－15　混凝土预制块浇筑过程图

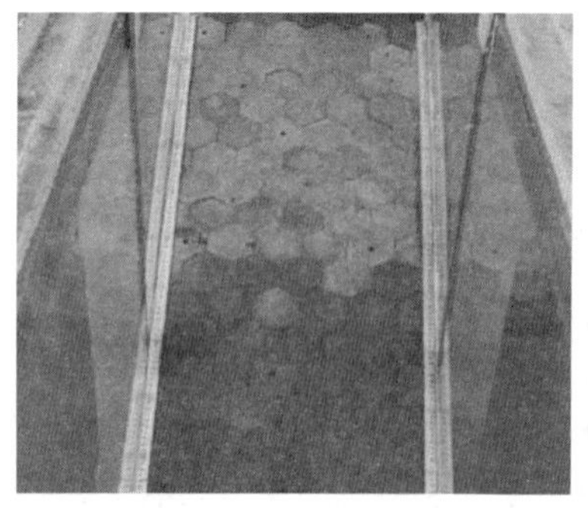

（a）光面护坡混凝土预制块铺设俯视、侧视图

（b）防滑护坡混凝土预制块铺设俯视、侧视图

图 5－16　铺设后模型

3. 模型试验设计与测点布置

模型水槽端部设置造波机，以模拟不同高度波浪，同时架设摄像机来实时记录不同高度波浪作用下的波浪爬高。水槽及模型布置如图 5－17 所示。

模型试验中分别在实际堤前水深为 23.6cm、30.6cm 的情况下开展模型试验。根据现有造波机电机转速与波浪周期转换式（5－2）可计算得出造波周期，设定电机转速为 600r/min，800r/min，

计算得出的造波周期分别为2.5s、1.875s。

$$T = 60/(V/25) \tag{5-2}$$

式中 $T$——造波机的造波周期，s；

$V$——造波机电机的转速，r/min。

图 5-17 水槽及模型布置示意图

在模型试验中，部分工况回波太大很难获得较准确的数据，文中主要对其中的3种工况进行分析。从九江地区水体中波浪情况来看，波浪高度一般不超过2m，根据魏明伟等利用水深及造波周期推算的波浪高度，3种工况下模型模拟的波浪高度分别为0.11m、0.13m和0.17m，实际波浪高度为1.1m、1.3m和1.7m，符合统计的实际九江地区水体中波浪情况。工况情况具体如表5-5所示。

**表5-5　　工况情况表**

| 工　况 | 一 | 二 | 三 |
|---|---|---|---|
| 堤前水深/cm | 23.6 | 23.6 | 30.6 |
| 波浪周期/s | 2.5 | 1.875 | 1.875 |
| 波浪高度/m | 0.11 | 0.13 | 0.17 |

为获得更加准确的预制块波浪爬高试验数据，分别在堤防模型上铺设光面护坡混凝土预制块和防滑护坡混凝土预制块，并在堤防横剖面等距离绘制3条测线，分别为1号、2号、3号，间距为10cm，测线布置情况示意如图5-18所示。试验中，由架设的摄像机拍摄波浪爬高试验中3条测线的波浪爬高结果（以前20个周期为例进行分析）。

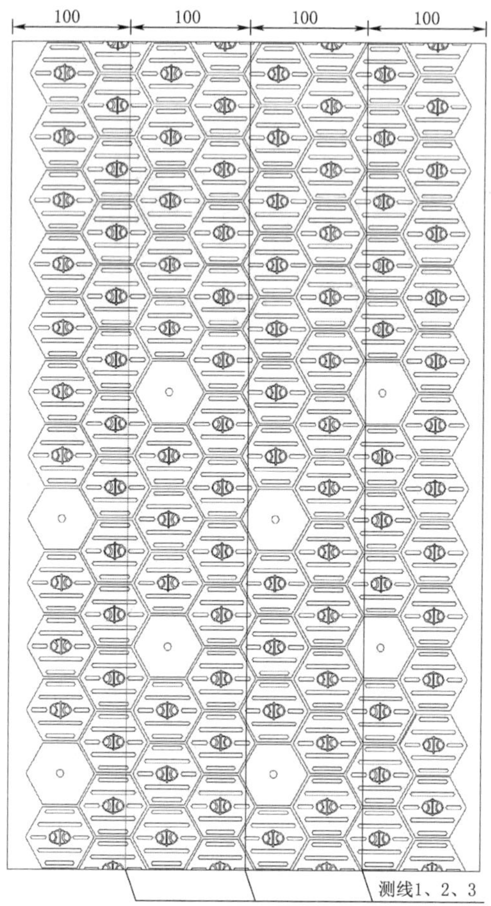


图 5-18　测线布置情况示意图（单位：mm）

4. 模型试验成果分析

(1) 波浪爬高分析。为了验证改良后护坡预制块的抑浪效果，将对 3 种工况下测得的波浪爬高数据同传统光面预制块爬高数据进行对比分析。表 5-6～表 5-8 为 3 种工况下预制块各测点波浪爬高。

表 5-6　　工况一下预制块各测点波浪爬高

| 周期序号 | 光面预制块爬高/cm | | | 防滑预制块爬高/cm | | |
|---|---|---|---|---|---|---|
| | 1 | 2 | 3 | 1 | 2 | 3 |
| 1 | 5.72 | 7.36 | 8.49 | 5.72 | 5.57 | 5.91 |
| 2 | 5.70 | 6.14 | 7.16 | 5.63 | 5.70 | 5.60 |
| 3 | 5.73 | 7.84 | 8.25 | 5.68 | 5.89 | 5.65 |
| 4 | 6.21 | 7.18 | 8.69 | 5.52 | 5.25 | 5.58 |
| 5 | 5.92 | 6.14 | 7.03 | 5.59 | 5.27 | 5.77 |
| 6 | 5.69 | 5.50 | 6.13 | 5.60 | 5.30 | 5.63 |
| 7 | 5.69 | 5.76 | 5.92 | 5.65 | 5.89 | 5.61 |
| 8 | 5.65 | 5.72 | 5.73 | 5.63 | 5.30 | 5.57 |
| 9 | 5.62 | 5.66 | 5.81 | 5.59 | 5.57 | 5.93 |
| 10 | 5.65 | 6.02 | 6.36 | 5.52 | 5.72 | 5.55 |
| 11 | 5.68 | 6.09 | 5.84 | 5.59 | 5.33 | 5.78 |
| 12 | 5.66 | 5.66 | 5.76 | 5.70 | 5.20 | 5.25 |
| 13 | 5.73 | 6.14 | 5.95 | 5.67 | 5.68 | 5.55 |
| 14 | 5.69 | 6.15 | 6.36 | 5.75 | 5.73 | 5.58 |
| 15 | 5.53 | 6.15 | 7.22 | 5.63 | 5.72 | 5.52 |
| 16 | 5.66 | 6.13 | 6.92 | 5.67 | 5.72 | 5.63 |
| 17 | 5.70 | 6.20 | 5.96 | 5.69 | 5.85 | 5.64 |
| 18 | 5.69 | 6.17 | 6.56 | 5.61 | 5.95 | 5.95 |
| 19 | 5.69 | 6.15 | 7.40 | 5.65 | 5.23 | 5.63 |
| 20 | 5.71 | 6.17 | 7.34 | 5.60 | 5.59 | 5.55 |
| 测点平均值 | 5.72 | 6.22 | 6.74 | 5.63 | 5.57 | 5.64 |
| | 6.23 | | | 5.62 | | |
| 测点最大值 | 6.21 | 7.84 | 8.69 | 5.75 | 5.95 | 5.95 |
| 最大值 | 8.69 | | | 5.95 | | |

表 5－7 工况二下预制块各测点波浪爬高

<table>
<tr><th rowspan="2">周期序号</th><th colspan="3">光面预制块爬高/cm</th><th colspan="3">防滑预制块爬高/cm</th></tr>
<tr><th>1</th><th>2</th><th>3</th><th>1</th><th>2</th><th>3</th></tr>
<tr><td>1</td><td>17.34</td><td>19.45</td><td>17.55</td><td>17.62</td><td>16.16</td><td>15.07</td></tr>
<tr><td>2</td><td>17.07</td><td>19.45</td><td>17.65</td><td>17.32</td><td>16.39</td><td>15.56</td></tr>
<tr><td>3</td><td>16.90</td><td>19.50</td><td>17.67</td><td>17.21</td><td>16.59</td><td>15.89</td></tr>
<tr><td>4</td><td>16.63</td><td>19.43</td><td>17.82</td><td>17.56</td><td>16.68</td><td>15.35</td></tr>
<tr><td>5</td><td>16.68</td><td>19.49</td><td>18.17</td><td>17.64</td><td>16.76</td><td>15.57</td></tr>
<tr><td>6</td><td>16.39</td><td>19.00</td><td>18.42</td><td>17.13</td><td>16.36</td><td>15.32</td></tr>
<tr><td>7</td><td>16.11</td><td>19.36</td><td>18.28</td><td>17.23</td><td>16.22</td><td>15.21</td></tr>
<tr><td>8</td><td>16.55</td><td>18.86</td><td>18.64</td><td>17.16</td><td>16.12</td><td>15.31</td></tr>
<tr><td>9</td><td>16.97</td><td>19.41</td><td>18.33</td><td>17.03</td><td>16.05</td><td>15.26</td></tr>
<tr><td>10</td><td>16.83</td><td>19.40</td><td>17.89</td><td>16.96</td><td>15.86</td><td>15.72</td></tr>
<tr><td>11</td><td>17.09</td><td>19.43</td><td>18.34</td><td>17.36</td><td>16.43</td><td>15.23</td></tr>
<tr><td>12</td><td>16.93</td><td>19.23</td><td>18.13</td><td>17.53</td><td>16.56</td><td>15.36</td></tr>
<tr><td>13</td><td>17.23</td><td>19.44</td><td>18.23</td><td>17.62</td><td>16.16</td><td>15.39</td></tr>
<tr><td>14</td><td>16.41</td><td>19.40</td><td>18.15</td><td>17.53</td><td>16.65</td><td>15.62</td></tr>
<tr><td>15</td><td>17.27</td><td>19.44</td><td>18.38</td><td>17.56</td><td>16.36</td><td>15.63</td></tr>
<tr><td>16</td><td>16.98</td><td>19.48</td><td>18.74</td><td>17.23</td><td>16.39</td><td>15.52</td></tr>
<tr><td>17</td><td>17.38</td><td>19.44</td><td>18.82</td><td>17.28</td><td>16.52</td><td>15.65</td></tr>
<tr><td>18</td><td>16.43</td><td>19.44</td><td>18.45</td><td>17.39</td><td>16.63</td><td>15.65</td></tr>
<tr><td>19</td><td>17.21</td><td>18.83</td><td>18.67</td><td>17.49</td><td>16.51</td><td>15.33</td></tr>
<tr><td>20</td><td>16.93</td><td>19.33</td><td>18.78</td><td>17.57</td><td>16.52</td><td>15.69</td></tr>
<tr><td rowspan="2">测点平均值</td><td>16.87</td><td>19.34</td><td>18.26</td><td>17.37</td><td>16.40</td><td>15.47</td></tr>
<tr><td colspan="3">18.15</td><td colspan="3">16.41</td></tr>
<tr><td>测点最大值</td><td>17.38</td><td>19.5</td><td>18.82</td><td>17.64</td><td>16.76</td><td>15.89</td></tr>
<tr><td>最大值</td><td colspan="3">19.5</td><td colspan="3">17.64</td></tr>
</table>

**表 5-8　　　　工况三下预制块各测点波浪爬高**

| 周期序号 | 光面预制块爬高/cm | | | 防滑预制块爬高/cm | | |
|---|---|---|---|---|---|---|
| | 1 | 2 | 3 | 1 | 2 | 3 |
| 1 | 6.21 | 9.41 | 6.06 | 5.53 | 5.58 | 5.74 |
| 2 | 6.14 | 8.74 | 7.02 | 5.80 | 5.49 | 5.69 |
| 3 | 5.88 | 7.99 | 6.47 | 6.79 | 5.60 | 5.77 |
| 4 | 5.82 | 7.26 | 5.95 | 5.62 | 5.68 | 5.82 |
| 5 | 5.87 | 7.21 | 6.03 | 5.75 | 5.63 | 5.74 |
| 6 | 4.87 | 6.92 | 5.71 | 6.35 | 5.44 | 5.88 |
| 7 | 4.79 | 7.26 | 5.63 | 5.80 | 5.68 | 5.51 |
| 8 | 4.99 | 7.22 | 5.29 | 6.56 | 5.29 | 5.75 |
| 9 | 5.21 | 7.31 | 5.61 | 5.86 | 5.49 | 5.80 |
| 10 | 5.21 | 7.91 | 5.47 | 5.62 | 5.78 | 5.64 |
| 11 | 5.30 | 8.59 | 5.75 | 5.80 | 5.55 | 5.77 |
| 12 | 5.20 | 7.97 | 5.73 | 5.91 | 5.71 | 5.79 |
| 13 | 5.32 | 7.91 | 5.69 | 5.71 | 5.68 | 5.32 |
| 14 | 5.77 | 7.77 | 5.69 | 5.80 | 5.62 | 5.79 |
| 15 | 5.25 | 7.48 | 5.71 | 5.62 | 5.60 | 5.67 |
| 16 | 5.31 | 7.87 | 5.69 | 5.85 | 5.71 | 5.78 |
| 17 | 5.12 | 7.96 | 5.62 | 5.62 | 5.52 | 5.69 |
| 18 | 5.11 | 7.91 | 5.65 | 5.76 | 5.63 | 5.42 |
| 19 | 4.98 | 7.72 | 5.65 | 5.49 | 5.69 | 5.87 |
| 20 | 5.13 | 7.34 | 5.71 | 5.76 | 5.59 | 5.75 |
| 测点平均值 | 5.37 | 7.79 | 5.81 | 5.85 | 5.60 | 5.71 |
| | 6.32 | | | 5.72 | | |
| 测点最大值 | 6.21 | 9.41 | 7.02 | 6.79 | 5.78 | 5.88 |
| 最大值 | 9.41 | | | 6.79 | | |

根据表 5-6～表 5-8 中爬高数据，可作出预制块测点横剖面波浪爬高随周期变化的曲线，如图 5-19～图 5-21 所示。

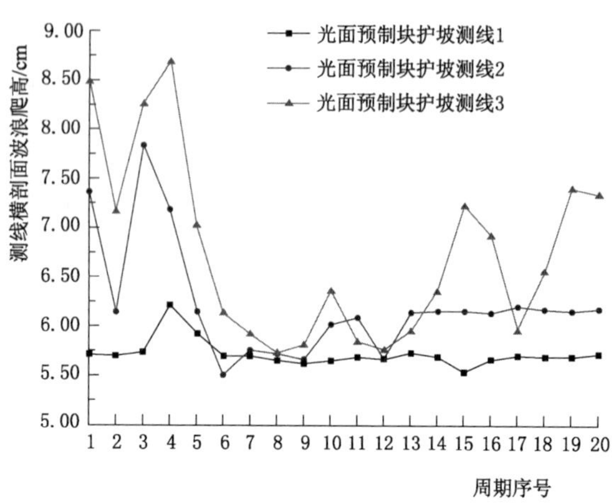


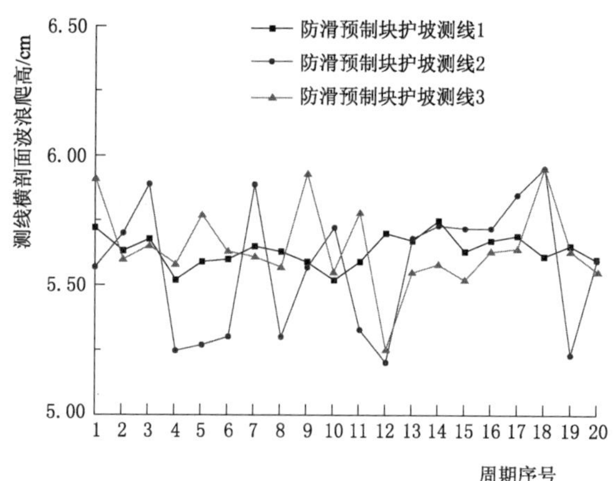


图 5-19　工况一预制块波浪爬高曲线图

从图 5-19～图 5-21 可知：

1）从变化趋势来看，在 20 个采集周期内，两种混凝土预制块护坡的 3 条测线横剖面波浪爬高变化规律不明显。

2）从波动情况来看，在工况一作用下，20 个采集周期内两

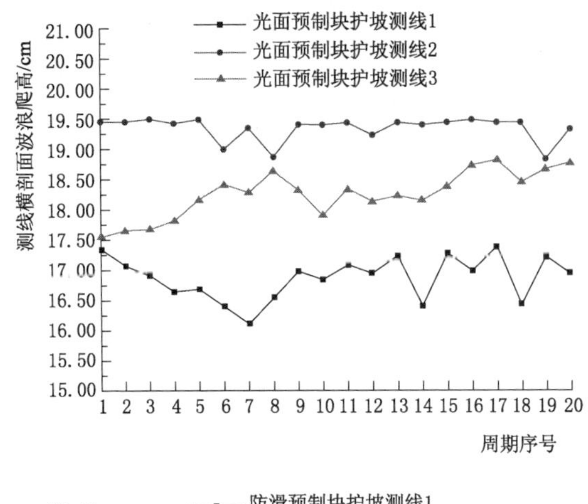


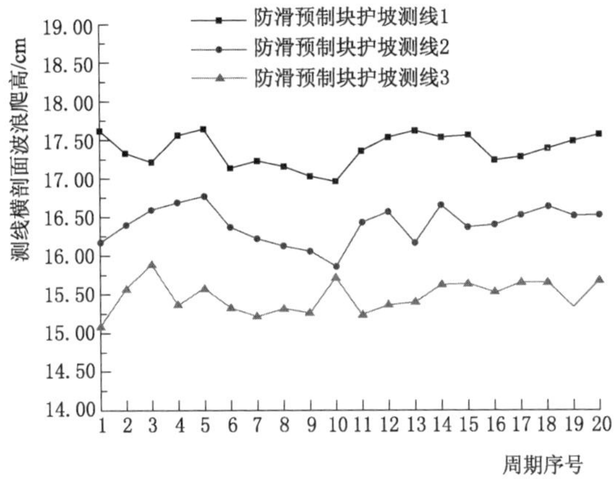


图 5-20 工况二预制块波浪爬高曲线图

种护坡混凝土预制块的测线 2 和测线 3 横剖面波浪爬高波动较大，测线 1 横剖面波浪爬高相对稳定。在工况二和工况三作用下，光面混凝土预制块护坡在前 10 个采集周期内 3 条测线横剖面波浪爬高波动较大，之后逐渐趋于稳定；而防滑预制块护坡在 20 个采集周期内 3 条测线横剖面波浪爬高波动较小，整体波动比较平稳。

3）从波浪爬高来看，同一工况下光面混凝土预制块护坡测

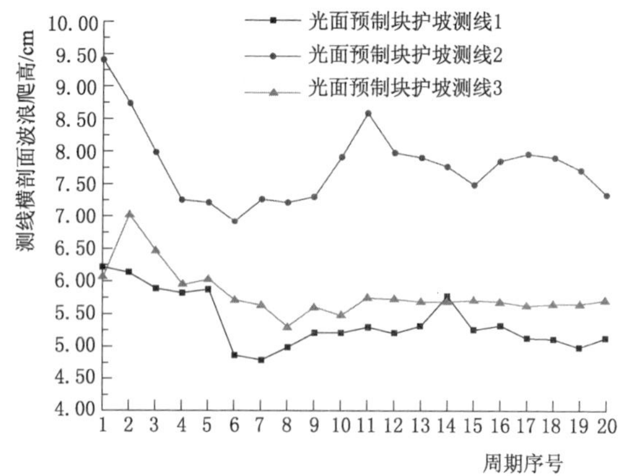


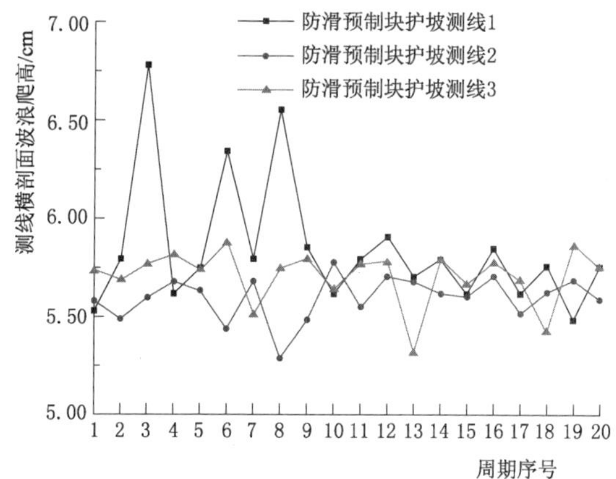


图 5-21　工况三预制块爬高曲线图

线 2 和测线 3 横剖面波浪爬高较测线 1 偏大，而防滑混凝土预制块护坡测线 1 横剖面波浪爬高较测线 2 和测线 3 偏大，分析受混凝土预制块护坡铺设情况及堤前水深回波影响。整体表现：防滑混凝土预制块护坡波浪爬高均小于光面混凝土预制块护坡，防滑混凝土预制块护坡和光面混凝土预制块护坡 3 条测线横剖面波浪爬高平均值分别为 6.23cm、18.15cm、6.32cm 和 5.62cm、16.41cm、5.72cm，平均波浪爬高降低约 9%。

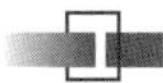

4）从堤前水深来看，比较工况一和工况二，当堤前水深为23.6cm时，光面预制块护坡和防滑混凝土预制块护坡波浪爬高均随波浪周期增加而增大，且在工况一作用下，波浪爬高变化波动越大。

5）从波浪周期来看，比较工况二和工况三，当波浪周期为1.875s时，光面混凝土预制块护坡和防滑混凝土预制块护坡波浪爬高均随堤前水位增大而减小，且在工况三作用下，波浪爬高变化波动越大。

（2）消浪效果分析。为分析两种不同预制块护坡的消浪效果，选取图5-19～图5-21中最大波浪爬高绘制曲线图，具体如图5-22～图5-24所示。

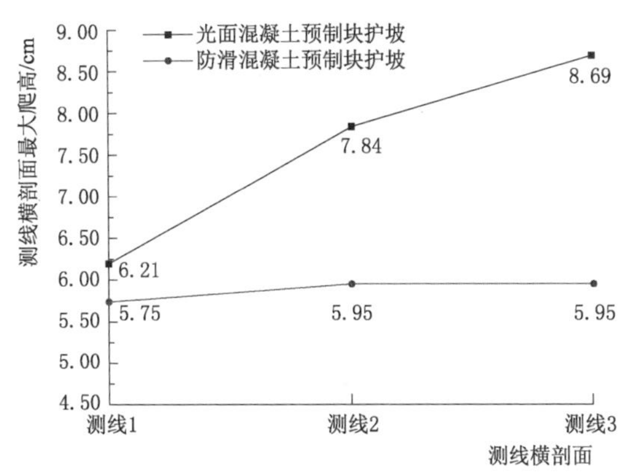


图5.22 工况一最大波浪爬高曲线图

从图5-22～图5-24可知：

1）防滑预制块护坡在3种工况作用下，除测线1横剖面消浪效果出现波动外，测线2和测线3位置横剖面均表现出较明显的消浪作用。

2）相对比光面预制块护坡，防滑预制块护坡在工况一作用下测线2横剖面最大波浪爬高从7.84cm减小1.89cm，消浪效果为24.1%。测线3横剖面最大波浪爬高从8.69cm减小

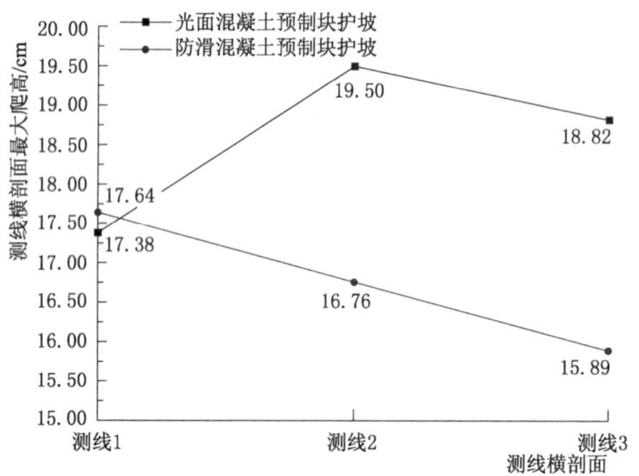


图 5-23　工况二最大波浪爬高曲线图

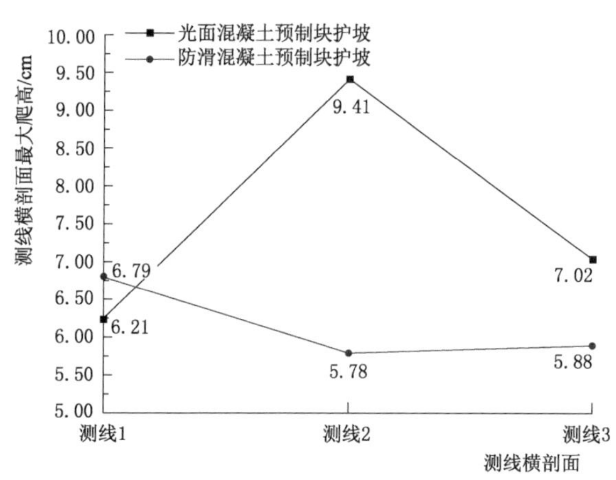


图 5-24　工况三最大波浪爬高曲线图

2.74cm，消浪效果为 31.5%；防滑预制块护坡在工况二作用下测线 2 横剖面最大波浪爬高从 19.50cm 减小 2.74cm，消浪效果为 14.1%，测线 3 横剖面最大波浪爬高从 18.82cm 减小 2.93cm，消浪效果为 15.6%；防滑预制块护坡在工况三作用下测线 2 横剖面最大波浪爬高从 9.41cm 减小 3.63cm，消浪效果为 38.6%，测线 3 横剖面最大波浪爬高从 7.02cm 减小 1.14cm，

消浪效果为16.2%。

3）对比3种工况作用下的防滑预制块护坡消浪效果，相比光面预制块护坡，防滑预制块护坡表现出较好的消浪作用，消浪效果可达到约30%。

### 5.1.5 糙率及渗透性系数

在堤坝确定的情况下，水库水位及迎面水深、气象资料及风域内平均水深、堤坝级别及堤坝护面类型是定值，风浪要素（平均波高及平均波长）也为定值。影响波浪爬高的因素主要是斜坡的糙率及渗透性系数，人为加大护坡混凝土预制块的糙率，从而降低波浪爬高值，堤坝高程也可相对减少。

从表5-9知，假定光面护坡混凝土预制块为光滑不透水混凝土护面，从表4-1可知，斜坡的糙率及渗透性系数 $K_{\Delta}$ 为1.0，将相同工况下防滑混凝土预制块护坡时的波浪爬高实测值与光面混凝土预制块护坡相比，即可得到防滑混凝土预制块护坡的糙率及渗透性系数，见表5-9。从表5-9可知，防滑护坡混凝土预制块的糙率及渗透系数均值为0.77。

**表5-9　各工况下防滑护坡混凝土预制块糙率及渗透系数计算表**

| 工　况 | 工况一 | 工况二 | 工况三 |
|---|---|---|---|
| 光面预制块波浪最大爬高/cm | 8.69 | 19.5 | 9.41 |
| 防滑预制块波浪最大爬高/cm | 5.95 | 17.64 | 6.79 |
| 防滑预制块糙率及渗透系数 | 0.68 | 0.90 | 0.72 |
| 防滑预制块糙率及渗透系数平均值 | 0.77 | | |

## 5.2 改良护坡混凝土预制块的经济效益及推广应用

### 5.2.1 经济效益

经济效益包含库岸预制护坡工程防滑预制块在减小人员伤

亡、降低预制块破损率和风浪爬高三个方面带来的直接经济效益和间接经济效益。

1. 直接经济效益

(1) 制作与安装。防滑护坡混凝土预制块相比光面护坡混凝土预制块增加了凸出的文字、条纹和图案，但在制作方法上均为工业化施工，只需在制好的模具盒中浇筑混凝土，待成型后脱掉模盒并进行标准养护，即得该表面具有图文的防滑护坡混凝土预制块。

(2) 工程造价。比较预制块工程造价只要从两个方面进行：一是相同厚度下预制块的混凝土用量；二是堤顶高程情况。现通过以上两个方面比较防滑护坡混凝土预制块与光面护坡混凝土预制块的经济效益。

1) 混凝土用量。在混凝土用量上，防滑护坡混凝土预制块与光面护坡混凝土预制块相比，经过计算表面突出面积比例约为23.7%，即增加的突出面积为0.055$m^2$；突起高度为8mm，即在相同厚度下单块防滑护坡混凝土预制块增加的混凝土用量为0.00044$m^3$。以铺设100$m^2$护坡混凝土用量来计算，相对于光面混凝土预制块护坡，防滑护坡混凝土预制块增加混凝土用量0.18$m^3$。

2) 堤顶高程降低情况。由《堤防工程设计规范》(GB 50286—2013) 7.3.1条文内容可知，堤顶高程应按设计洪水位或设计高潮位加堤顶超高确定，即

$$Y = R + e + A \tag{5-3}$$

式中 $Y$——堤顶超高，m；

$R$——设计波浪爬高，m；

$e$——设计水壅水面高度，m；

$A$——安全加高值。

从抑浪波浪爬高模型试验来看，相比传统光面混凝土预制块护坡，防滑混凝土预制块护坡整体抑浪效果达到约30%，即以光面混凝土预制块护坡波浪爬高1m为参照计算，防滑混凝

土预制块护坡爬高最少减小 0.30m，且堤顶高程可相应减小 0.30m。

2. 间接经济效益

以湖区 5 个县的统计数据为依托，自 2012 年来 5 个湖区县已发生涉坡人员死亡事件 20 余起，即湖区县 1 年发生的涉坡人员死亡事件约 0.45 件，赔偿金按每件 50 万元计，全省按 15 个湖区县计，每年节约的间接经济费用为：$0.45\times50\times15=337.5$ 万元，3 年累计为 1012.5 万元。

综上所述，虽然每 $100m^2$ 防滑混凝土预制块护坡相比光面混凝土预制块护坡增加了 $0.18m^3$ 混凝土，但堤顶高程可降低约 0.30m，且在人员伤亡方面节约了间接费用，总体来看，防滑混凝土预制块护坡经济效益更好。

### 5.2.2 社会效益

防滑护坡混凝土预制块护坡的应用在减小人员伤亡、降低预制块破损率和风浪爬高三方面收到了显著的经济效益，且在发挥显著直接和间接经济效益的同时，保障了涉坡人员安全，产生了巨大的社会效益，同时提升了水利工程建设形象，也为完善库岸预制护坡工程预制块质量控制标准提供了重要技术支撑，有力推动了行业技术进步和经济社会的发展。

### 5.2.3 推广应用

防滑防滑护坡混凝土预制块已在江西九江市辖区内的都昌等 13 个县（市、区）和江西省内的进贤、鄱阳、上饶、万年、兴国等县以及江西省赣抚平原管理局近 500 余座水库、山塘、灌区渠道中广泛使用（图 5－25），应用方量达 30 万 $m^3$，具体见表 5－10，且获得江西省水利规划设计院、九江市水利电力规划设计院、江西省修江水利设计公司等多家设计机构的认可。目前经济效益主要来源于水利工程项目除险加固项目，如从新建项目来看，防滑护坡混凝土预制块的推广应用，在水库大坝降低风浪爬高、减少安全超高方面将收到更大的经济效益，其中都昌安山水库和老虎潭水库护坡工程经受了2020年特大洪水的考验［图5-25（e）、图5-25（f）］。

**表5-10　　部分应用情况**

| 序号 | 应用地区 | 项目名称 |
|---|---|---|
| 1 | 鄱阳县 | 215座新增小型病险水库除险加固工程 |
| 2 | 上饶市广信区 | 80座山塘除险加固工程 |
| 3 | 彭泽县 | 53座水库除险加固和4条中小河流治理工程 |
| 4 | 永修县 | 马口联圩、万青联圩、立新圩、高桥圩、朝阳圩、幸福圩6条圩堤除险加固工程 |
| 5 | 都昌县 | 10余条圩堤加固治理和50余座水库除险加固工程 |
| 6 | 九江市柴桑区 | 4座水库、5条中小河流治理工程 |

(a) 江西省上饶县山塘

(b) 江西省赣抚平原灌区渠道

(c) 江西省德安樟树水库

(d) 江西省永修县万青联圩

图5-25（一）　推广应用

（e）昌安山水库

（f）都昌老虎潭水库

图 5-25（二） 推广应用

我国水库大坝数量众多，且大多兴建于 20 世纪 50—70 年代。特殊的历史时期和经济技术条件导致这些水库工程存在先天不足，李克强总理 2020 年 11 月 18 日主持召开国务院常务会议，明确要求现有病险水库 2025 年底前要全部完成除险加固，并对新出现的病险水库及时除险加固。因此，护坡工程提升改造前景依旧广阔，且有望推广至其他相关涉水工程中。

## 5.3 本章小结

本章阐述了光面护坡混凝土预制块的优缺点，对改良后的防滑护坡混凝土预制块的防滑性能及抑浪效果进行了试验分析，并分析了改良后的防滑护坡混凝土预制块的经济效益，结论如下：

（1）通过在传统的护坡混凝土预制块表面增加凸出的文字、条纹和图案，各侧面设置梯形凹槽等，防滑及爬高试验等证明防滑护坡混凝土预制块达到了“防滑、抑浪、安全、美观”的目的。在最不利情况下，防滑护坡混凝土预制块抗滑力相比传统护坡混凝土预制块抗滑力至少提高 6.7 倍。防滑护坡混凝土预制块表现出较好的消浪作用，整体消浪效果可达到约 30%。

（2）计算了防滑护坡混凝土预制块的糙率及渗透性系数，均值为 0.77。

(3) 防滑护坡混凝土预制块已在江西省九江市范围内100多座病险水库除险加固工程中推广应用，从经济效益来看，每$100m^2$防滑混凝土预制块护坡相比光面混凝土预制块护坡增加了$0.18m^3$混凝土，但堤顶高程可降低约0.30m，减少了人员伤亡，总体来看，防滑混凝土预制块护坡经济效益更好，且发挥了一定的社会效益，具有广泛的应用前景和推广价值。

# 6 护坡混凝土预制块砌缝物理模型试验

预制混凝土护坡技术已广泛应用于护坡工程中，护坡铺设的质量直接关系到护坡工程的质量，尤其是砌缝，缝宽过大会导致护坡垫层中的砂石因波浪冲刷而带走，进而垫层缺失、流失、沉降，因此有必要结合第 2 章调查统计出现的垫层常见护坡病害，开展预制块护坡砌缝研究。本章在第 3 章护坡抑浪模型基础上，通过在垫层埋设孔隙水压力计传感器来采集垫层中孔隙水压力的变化，以此来统计不同水位、砌缝宽度等情况下的孔隙水压力变化，并提出适宜的护坡混凝土预制块砌缝宽度。

## 6.1 砌缝物理模型试验方案

### 6.1.1 模型总体布置

采用重力相似准则设计砌缝物理模型，砌缝物理模型试验以第 5 章堤防模型为基础。为观测不同位置、不同堤前水位、不同砌缝宽度对垫层孔隙水压力变化的影响，进而为预制块护坡砌缝宽度提供参考值，在同一坝体轴线上以 150mm 垂直间距布置 4 个应变式微型孔隙水压力计传感器，分别为孔隙水压力计 1～4，对应测点 1～4。传感器埋设布置情况如表 6 - 1 和图 6 - 1 所示。

表 6-1 传感器布置情况表

| 传感器编号 | 1 | 2 | 3 | 4 |
|---|---|---|---|---|
| 距堤顶轴线垂直距离/mm | 360 | 510 | 660 | 810 |
| 距堤底垂直距离/mm | 330 | 270 | 210 | 150 |

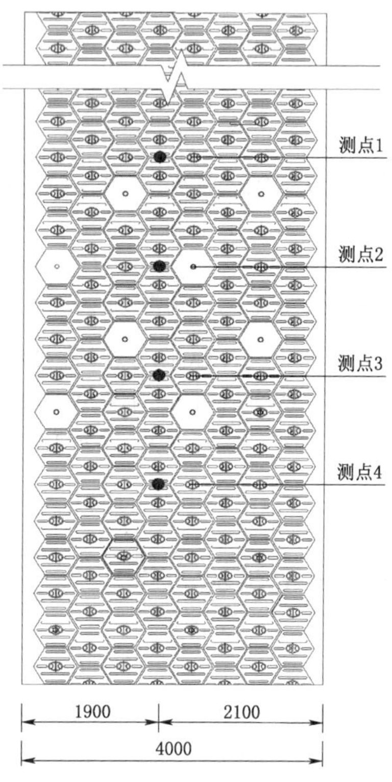


图 6-1 传感器埋设平面布置图

### 6.1.2 观测及监测设备

(1) 传感器参数。应变式微型孔隙水压力计传感器直径15.8mm，高21mm，量程0～10kPa，精度不大于0.03kPa，灵敏度系数 0.5mV/kPa，采集后的换算系数为 0.002kPa/με。DMKY 应变式微型孔隙水压力计传感器如图 6-2 所示。

图 6-2 DMKY 应变式微型孔隙水压力计传感器

（2）传感器数据采集系统及计算。MYJ-1 型静态数字电阻应变测试仪是测试结构或材料受力后的应变采集、存储与分析的测试仪，它接配电阻应变计和各种电阻应变式传感器，可以测量应变（应力）、拉压力、压强、扭矩、位移、倾角、温度等物理参数的变化量。为实现应变式微型孔隙水压力计传感器中应力的采集，本书采用静态电阻应变测试仪，通过应变全桥电路转化，测量孔隙水压力物理参数的变化量，以研究波浪作用下对垫层孔隙水压力的变化影响。MYJ-1 型静态数字电阻应变测试仪及接线情况如图 6-3 所示。

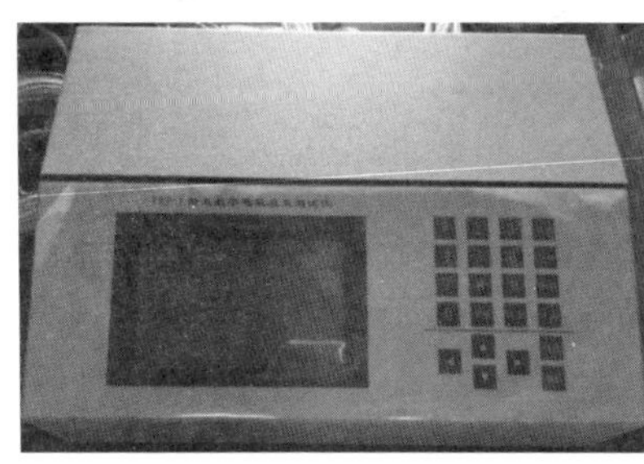

图 6-3 MYJ-1 型静态数字电阻应变测试仪及接线情况

设通过静态数字电阻应变测试仪采集的孔隙水压力计数值为 $F_0$，则传感器所受到的实时应力值为

$$F = K(F_i - F_0) \tag{6-1}$$

式中 $F$——传感器所受到的实时应力值；

$K$——传感器灵敏度系数；

$F_0$——传感器零点输出应变值；

$F_i$——对应于 $P_i$ 的输出应变值。

### 6.1.3 预制块铺设及砌缝设置

考虑到试验主要研究波浪对预制块砌缝材料的长久冲刷导致的砌缝材料脱落，进而引发的垫层破坏问题，以此来提出砌缝宽度参考值，因此，在铺设过程中为模拟不同脱落情况波浪作用下的垫层变化，结合实际可能发生的不同砌缝宽度，通过插入不同厚度的亚克力板来铺设不同砌缝宽度预制块护坡模型砌缝。预制块铺设过程如图 6-4 所示。

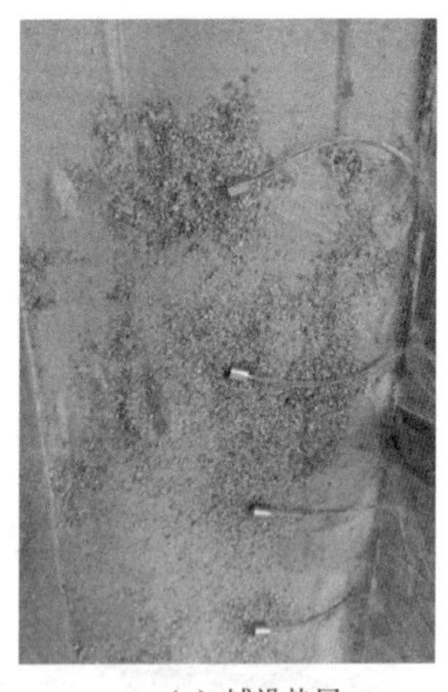

(a) 铺设垫层

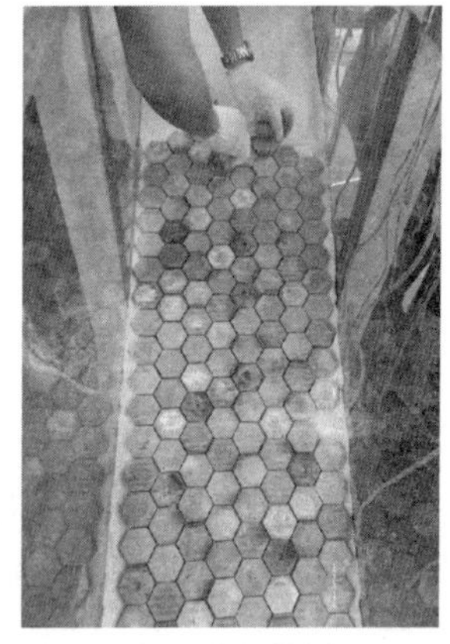

(b) 铺设预制块

图 6-4（一） 混凝土预制块铺设过程图

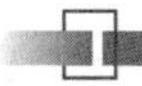

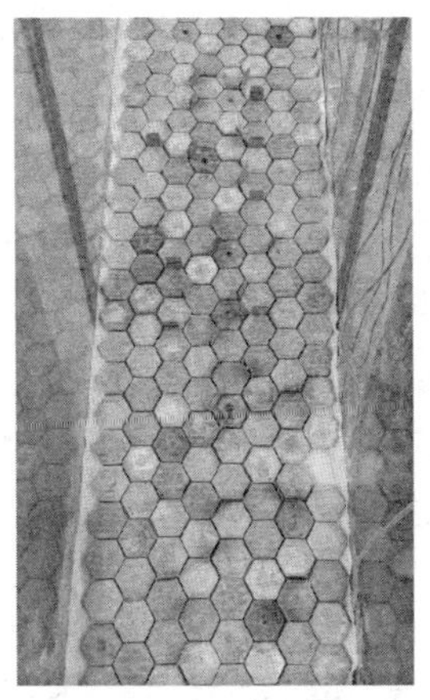

（c）进行砌缝处理

（d）铺设完成

图 6-4（二） 混凝土预制块铺设过程图

### 6.1.4 试验方案设计

本次试验方案中砌缝宽度参照第 2 章 2.3.2 节砌缝质量控制中对砌缝宽度统计情况，考虑到缝宽在 6～10mm 之间占总数的 73.3%，缝宽在 11～20mm 之间占总数的 15%，共模拟设置 3 种砌缝宽度，分别为 15mm、10mm、5mm，对应模型砌缝布置为 1.5mm、1.0mm、0.5mm，为便于分析比较，两个测点之间的砌缝布置形态（主要是指横向、斜向和竖向砌缝数量）一致。堤前水位设置为 3 种，分别为 20.5cm、25.8cm、30.6cm；造波周期设置为 800r/min，根据第 3 章计算得出，实际波浪高度为 0.11m、0.14m、0.17m。实际设置的工况共计 5 种，工况具体情况见表 6-2。

表 6-2 工况情况表

| 工况 | 砌缝宽度/mm | 堤前水深/cm | 实际模拟波浪高度/m | 波浪周期/s |
|---|---|---|---|---|
| 1 | 0.5 | 25.8 | 0.14 | 1.875 |
| 2 | 1.0 | 25.8 | 0.14 | 1.875 |
| 3 | 1.5 | 25.8 | 0.14 | 1.875 |
| 4 | 1.5 | 20.5 | 0.11 | 1.875 |
| 5 | 1.5 | 30.6 | 0.17 | 1.875 |

试验操作步骤：护坡铺设完成后，向模型槽内注水至设定的水位，打开造波机，同时开启应变仪记录传感器的数据，试验时间设置为 20 个造波周期。一组工况完成后，将槽内水抽干并拆除混凝土预制块，同时补充垫层内黏土及砂石，埋设相同位置的孔隙水压力计，并重新铺设混凝土预制块，试验中应尽可能使多种工况下的垫层、孔隙水压力计、混凝土预制块铺设情况保持一致。整个试验过程均在相对密闭的环境中进行，保证了环境因素（如温度、空气对流等）相对不变，使得试验数据具有可靠性、准确性；具体采集如图 6-5 所示。

图 6-5　传感器及采集系统模型布置图

## 6.2　模型试验成果分析

### 6.2.1　不同测点位置孔隙水压力变化规律

试验共进行了 5 种工况，从总体情况来看，不同工况下孔隙水压力随周期变化基本相似，差异主要表现在波浪高度。以工况四（堤前水位 20.5cm，砌缝宽度 1.5mm）前 30 个采集周期下静态电阻应变仪应变值为例，通过式（6-1）换算成孔隙水压力，不同位置孔隙水压力变化情况详见表 6-3，孔隙水压力变化趋势如图 6-6 所示。

表 6-3 工况四不同测点位置孔隙水压力变化情况

| 周期序号 | 孔隙水压力/kPa | | | |
|---|---|---|---|---|
| | 测点 1 | 测点 2 | 测点 3 | 测点 4 |
| 1 | 0.008 | 0.004 | 0.005 | 0.056 |
| 2 | 0.014 | 0.060 | 0.102 | 0.162 |
| 3 | 0.026 | 0.102 | 0.156 | 0.358 |
| 4 | 0.038 | 0.116 | 0.200 | 0.454 |
| 5 | 0.007 | 0.120 | 0.210 | 0.508 |
| 6 | 0.014 | 0.096 | 0.190 | 0.468 |
| 7 | 0.032 | 0.070 | 0.260 | 0.394 |
| 8 | 0.005 | 0.130 | 0.270 | 0.524 |
| 9 | 0.017 | 0.144 | 0.372 | 0.590 |
| 10 | 0.024 | 0.080 | 0.262 | 0.400 |
| 11 | 0.040 | 0.180 | 0.356 | 0.554 |
| 12 | 0.006 | 0.108 | 0.306 | 0.470 |
| 13 | 0.018 | 0.122 | 0.230 | 0.440 |
| 14 | 0.008 | 0.152 | 0.350 | 0.558 |
| 15 | 0.038 | 0.132 | 0.208 | 0.450 |
| 16 | 0.014 | 0.089 | 0.238 | 0.570 |
| 17 | 0.002 | 0.098 | 0.236 | 0.582 |
| 18 | 0.020 | 0.128 | 0.368 | 0.430 |
| 19 | 0.034 | 0.114 | 0.208 | 0.566 |
| 20 | 0.003 | 0.076 | 0.264 | 0.436 |
| 21 | 0.011 | 0.100 | 0.278 | 0.582 |
| 22 | 0.025 | 0.080 | 0.326 | 0.444 |
| 23 | 0.034 | 0.112 | 0.226 | 0.594 |
| 24 | 0.004 | 0.137 | 0.224 | 0.588 |
| 25 | 0.002 | 0.086 | 0.328 | 0.416 |
| 26 | 0.033 | 0.112 | 0.358 | 0.594 |

续表

| 周期序号 | 孔隙水压力/kPa | | | |
|---|---|---|---|---|
| | 测点 1 | 测点 2 | 测点 3 | 测点 4 |
| 27 | 0.002 | 0.114 | 0.224 | 0.508 |
| 28 | 0.015 | 0.134 | 0.340 | 0.426 |
| 29 | 0.035 | 0.086 | 0.346 | 0.420 |
| 30 | 0.008 | 0.114 | 0.242 | 0.578 |

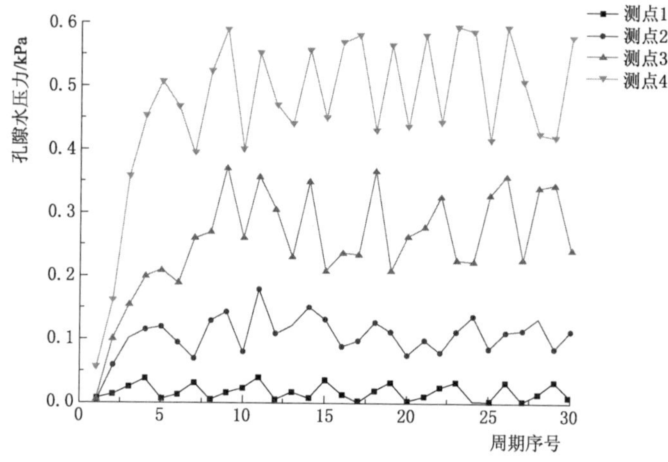


图 6-6 工况四不同测点位置孔隙水压力变化曲线图

从表 6-2 及图 6-6 可知：

（1）在同一缝宽同一堤前水位作用下，垫层不同位置处的孔隙水压力在波浪过程中变化规律有所不同。位于距堤底垂直高度 330mm 处的测点 1 孔隙水压力在波浪过程中变化最小，由于最大波浪高度为 0.11m，堤前水位为 20.5cm，测点 1 位于距堤底垂直高度 330mm 处，受波浪爬高作用，水渗透测点 1 孔隙水压力有轻微波动，但整体来看，水在垫层内部向上渗透较慢，测点孔隙水压力变化不大。

（2）位于距堤底垂直高度 270mm 处的测点 2，由于坡体布

置的砌缝，水从砌缝渗入，在第 1～5 个波浪周期孔隙水压力呈线性增长，在第 5 个波浪周期达到 0.012kPa，之后孔隙水压力在 0.10kPa 这一值附近波动。

(3) 位于距堤底垂直高度 21cm 处测点 3 和位于垂直高度 15cm 测点 4 的孔隙水压力波动较大，且测点 4 的孔隙水压力明显大于测点 3，在第 1～5 个波浪周期测点 3 和测点 4 孔隙水压力呈线性增长，从第 6 个波浪周期开始两个测点的孔隙水压力呈波动变化，其中测点 3 的孔隙水压力在 0.27～0.37kPa 范围内波动，测点 4 的孔隙水压力在 0.39～0.59kPa 范围内波动。两个测点孔隙水压力不同，一方面受到堤前水位影响，因测点 4 位置低于测点 3，因此测点 4 受到堤前静水压力影响，孔隙水压力计因渗透影响有初始水头压力；另一方面在多个波浪周期作用下，砌缝处水不断入渗到垫层，而从测点 3 渗入到测点 4 需要时间，因此从第 15 个周期开始，两个测点波动变化的波峰和波谷仍存在时间差。

由此可知，在砌缝处理中考虑初始水头压力对垫层影响时，也应考虑波浪爬高对垫层的影响，在波浪影响范围内的砌缝均应及时处理，以避免出现垫层淘空现象。

### 6.2.2 不同堤前水位下孔隙水压力变化规律

以工况三、四、五为例，在 1.5mm 缝宽影响下，堤前水位分别为 20.50cm、25.80cm 和 30.60cm 时，对测点 4 的孔隙水压力变化情况进行分析，见表 6-4，孔隙水压力变化趋势如图 6-7所示。

**表 6-4　　不同堤前水位下孔隙水压力变化情况**

| 周期序号 | 孔隙水压力/kPa | | |
|---|---|---|---|
| | 堤前水位 20.50cm | 堤前水位 25.80cm | 堤前水位 30.60cm |
| 1 | 0.006 | 0.216 | 0.432 |
| 2 | 0.162 | 1.386 | 1.320 |

续表

| 周期序号 | 孔隙水压力/kPa | | |
| --- | --- | --- | --- |
| | 堤前水位 20.50cm | 堤前水位 25.80cm | 堤前水位 30.60cm |
| 3 | 0.358 | 1.137 | 2.084 |
| 4 | 0.454 | 1.456 | 1.576 |
| 5 | 0.508 | 1.182 | 2.090 |
| 6 | 0.468 | 1.382 | 1.891 |
| 7 | 0.394 | 1.415 | 1.966 |
| 8 | 0.524 | 1.023 | 2.106 |
| 9 | 0.590 | 1.239 | 1.485 |
| 10 | 0.400 | 1.325 | 2.094 |
| 11 | 0.554 | 1.131 | 2.097 |
| 12 | 0.470 | 1.284 | 1.298 |
| 13 | 0.440 | 1.107 | 1.944 |
| 14 | 0.558 | 1.013 | 2.025 |
| 15 | 0.450 | 1.350 | 1.373 |
| 16 | 0.570 | 0.976 | 1.529 |
| 17 | 0.582 | 1.007 | 1.551 |
| 18 | 0.430 | 1.284 | 1.310 |
| 19 | 0.566 | 1.015 | 2.019 |
| 20 | 0.436 | 1.352 | 1.338 |
| 21 | 0.582 | 1.043 | 1.295 |
| 22 | 0.444 | 0.996 | 2.084 |
| 23 | 0.594 | 1.335 | 1.507 |
| 24 | 0.588 | 1.090 | 1.504 |
| 25 | 0.416 | 1.049 | 1.828 |
| 26 | 0.594 | 1.178 | 1.616 |
| 27 | 0.508 | 1.080 | 1.994 |
| 28 | 0.426 | 1.348 | 2.072 |
| 29 | 0.420 | 1.241 | 1.367 |
| 30 | 0.578 | 1.043 | 2.109 |

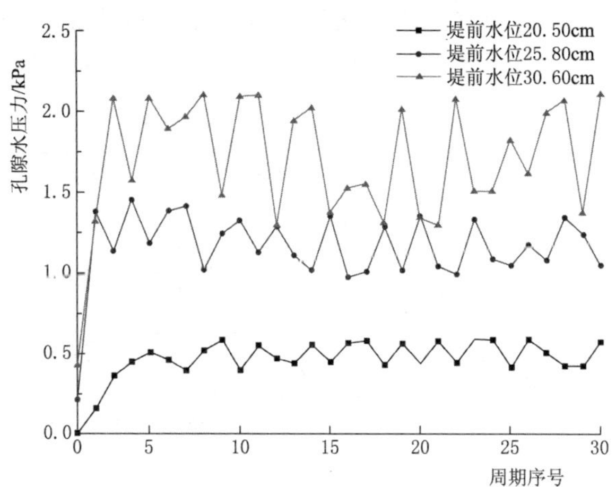


图 6-7 不同堤前水位下孔隙水压力变化曲线图

从表 6-3 及图 6-7 可知，当缝宽为 1.5mm 时，3 种不同堤前水位测点 4 孔隙水压力随着波浪周期呈波动变化，当堤前水位为 20.50cm 时，测点 4 的孔隙水压力波动变化范围为 0.39～0.59kPa；当堤前水位为 25.80cm 时，测点 4 的孔隙水压力波动变化范围为 0.98～1.46kPa；当堤前水位为 30.60cm 时，测点 4 的孔隙水压力波动变化范围为 1.30～2.10kPa。堤前水位越大，测点孔隙水压力越大，波动变化范围越大。虽然缝宽一致，但受到堤前静水压力影响及波浪爬高入渗导致的超孔隙水压力影响，垫层中原有压力也逐渐上升，上升的压力因来不及消散，使得孔隙水压力上升。

由此可知，堤前水位越高，垫层更易从缝隙中随波浪溢出，出现流水带砂，久而久之易出现流水带砂垫层淘空的现象，因此，当堤前水位较高时，应尽可能对出现脱落的砌缝进行修复。

### 6.2.3 不同砌缝宽度下孔隙水压力变化规律

以工况一、二、三为例，在堤前水位 25.8cm 条件下，缝宽分别为 0.5mm、1.0mm、1.5mm，测点 2、测点 3 的平均孔隙水压力及最大孔隙水压力变化情况进行分析，见表 6-5，不同缝宽平均及最大孔隙水压力变化趋势如图 6-8 所示。

**表 6-5　　不同缝宽下孔隙水压力变化情况**

| 周期序号 | 缝宽 0.5mm | | 缝宽 1.0mm | | 缝宽 1.5mm | |
|---|---|---|---|---|---|---|
| | 测点 2 | 测点 3 | 测点 2 | 测点 3 | 测点 2 | 测点 3 |
| 1 | 0.019 | 0.029 | 0.040 | 0.050 | 0.057 | 0.056 |
| 2 | 0.037 | 0.306 | 0.294 | 0.365 | 0.307 | 0.520 |
| 3 | 0.142 | 0.207 | 0.208 | 0.624 | 0.391 | 0.624 |
| 4 | 0.061 | 0.289 | 0.228 | 0.512 | 0.394 | 0.660 |
| 5 | 0.041 | 0.206 | 0.307 | 0.656 | 0.293 | 0.544 |
| 6 | 0.041 | 0.253 | 0.228 | 0.533 | 0.381 | 0.624 |
| 7 | 0.216 | 0.289 | 0.234 | 0.623 | 0.403 | 0.720 |
| 8 | 0.064 | 0.257 | 0.295 | 0.638 | 0.294 | 0.435 |
| 9 | 0.037 | 0.284 | 0.256 | 0.461 | 0.295 | 0.662 |
| 10 | 0.213 | 0.235 | 0.270 | 0.558 | 0.408 | 0.439 |
| 11 | 0.224 | 0.302 | 0.241 | 0.596 | 0.308 | 0.461 |
| 12 | 0.024 | 0.291 | 0.204 | 0.509 | 0.317 | 0.647 |
| 13 | 0.030 | 0.247 | 0.248 | 0.578 | 0.401 | 0.466 |
| 14 | 0.152 | 0.298 | 0.282 | 0.498 | 0.394 | 0.524 |
| 15 | 0.203 | 0.230 | 0.290 | 0.456 | 0.364 | 0.623 |
| 16 | 0.024 | 0.295 | 0.242 | 0.608 | 0.301 | 0.551 |
| 17 | 0.115 | 0.281 | 0.316 | 0.440 | 0.319 | 0.694 |
| 18 | 0.224 | 0.236 | 0.282 | 0.453 | 0.393 | 0.705 |
| 19 | 0.196 | 0.275 | 0.265 | 0.578 | 0.394 | 0.493 |
| 20 | 0.105 | 0.239 | 0.317 | 0.458 | 0.292 | 0.730 |
| 21 | 0.108 | 0.259 | 0.385 | 0.684 | 0.372 | 0.705 |
| 22 | 0.228 | 0.214 | 0.303 | 0.470 | 0.303 | 0.529 |
| 23 | 0.185 | 0.240 | 0.321 | 0.449 | 0.296 | 0.748 |
| 24 | 0.098 | 0.297 | 0.260 | 0.600 | 0.293 | 0.582 |

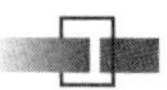

续表

| 周期序号 | 缝宽 0.5mm | | 缝宽 1.0mm | | 缝宽 1.5mm | |
|---|---|---|---|---|---|---|
| | 测点 2 | 测点 3 | 测点 2 | 测点 3 | 测点 2 | 测点 3 |
| 25 | 0.185 | 0.239 | 0.295 | 0.491 | 0.410 | 0.600 |
| 26 | 0.224 | 0.221 | 0.269 | 0.473 | 0.399 | 0.703 |
| 27 | 0.112 | 0.274 | 0.287 | 0.530 | 0.319 | 0.506 |
| 28 | 0.152 | 0.232 | 0.306 | 0.486 | 0.371 | 0.529 |
| 29 | 0.224 | 0.302 | 0.257 | 0.608 | 0.408 | 0.709 |
| 30 | 0.132 | 0.288 | 0.285 | 0.558 | 0.365 | 0.511 |
| 波动范围内测点最大值（第 5～30 周期） | 0.228 | 0.302 | 0.385 | 0.684 | 0.410 | 0.748 |
| 波动范围内测点平均值（第 5～30 周期） | 0.137 | 0.261 | 0.279 | 0.538 | 0.350 | 0.594 |

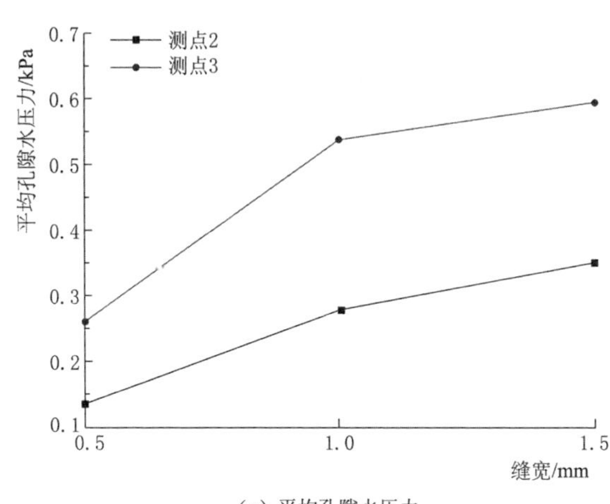


（a）平均孔隙水压力

图 6-8（一） 不同缝宽平均及最大孔隙水压力变化曲线图

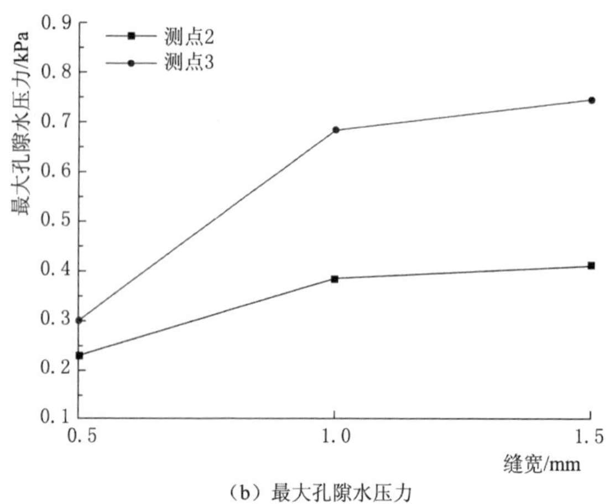

(b) 最大孔隙水压力

图 6-8（二） 不同缝宽平均及最大孔隙水压力变化曲线图

从表 6-5 及图 6-8 可知：

(1) 随着砌缝宽度的增加，测点 2 和测点 3 孔隙水压力均随之增大，在波浪周期范围内最大孔隙水压力和平均孔隙水压力也随之增大。

(2) 对比测点 2 和测点 3 平均及最大孔隙水压力，在不同砌缝宽度条件下，测点 3 孔隙水压力均大于测点 2，这与不同位置处孔隙水压力变化情况一致。

(3) 对比测点 2 和测点 3 最大孔隙水压力，在相同砌缝宽度条件下，当砌缝宽度分别为 0.5mm、1.0mm、1.5mm 时，测点 2 最大孔隙水压力分别为 0.228kPa、0.385kPa、0.410kPa，测点 3 最大孔隙水压力分别为 0.302kPa、0.684kPa、0.748kPa。3 种砌缝宽度条件下，从 0.5～1.0mm 和 1.0～1.5mm 测点 2 最大孔隙水压力增长幅度为 40.8%和 6.1%，测点 3 最大孔隙水压力增长幅度为 55.8%和 8.6%，测点 2 和测点 3 在砌缝宽度为 0.5～1.0mm 变化范围内的最大孔隙水压力增长幅度均远大于 1.0～1.5mm 的变化范围。

(4) 对比测点 2 和测点 3 平均孔隙水压力，在相同砌缝宽度条件下，当砌缝宽度分别为 0.5mm、1.0mm、1.5mm 时，测点 2 平均孔隙水压力分别为 0.137kPa、0.279kPa、0.350kPa，测点 3 平均孔隙水压力分别为 0.261kPa、0.538kPa、0.594kPa。3 种砌缝宽度条件下，从 0.5～1.0mm 和 1.0～1.5mm 测点 2 平均孔隙水压力增长幅度为 50.9%和 20.3%，测点 3 平均孔隙水压力增长幅度为 51.5%和 9.4%。测点 2 和测点 3 在砌缝宽度为 0.5～1.0mm 变化范围内的平均孔隙水压力增长幅度也远大于 1.0～1.5mm 的变化范围。

综上所述，在相同堤前水位及相同砌缝宽度下，低位置的平均孔隙水压力及最大孔隙水压力均大于高位置。砌缝宽度由 0.5mm 增加到 1mm，较 1mm 增加至 1.5mm 时，虽然砌缝宽度均只增加了 0.5mm，但测点的最大和平均孔隙水压力增长幅度差距较大，当砌缝宽度小于 1mm 时，测点的最大和平均孔隙水压力增长幅度在 50%左右；当砌缝宽度大于 1mm 时，测点的最大和平均孔隙水压力增长幅度在 10%左右。

由此可知，在混凝土预制块铺设过程中，应尽可能将砌缝宽度控制在 1cm 以下，可有效防止垫层砂土流失。

## 6.3 本章小结

本章建立了不同砌缝宽度的护坡物理模型，通过埋设孔隙水压力计传感器观察不同位置、不同堤前水位及不同砌缝宽度作用下孔隙水压力的变化，由此对砌缝宽度及处理提出建议，结论如下：

(1) 孔隙水压力与护坡垫层位置、堤前水位、砌缝宽度密切相关。

(2) 护坡垫层孔隙水压力随波浪周期出现周期变化，且受垫层静水头压力及波浪爬高影响，垫层垂直位置越高，孔隙水压力波动变化范围越大。

(3) 堤前水位越大，护坡垫层孔隙水压力越大，波动变化范围越大。

（4）当砌缝情况一致时，砌缝宽度越小，砌缝内孔隙水压力越小，越能有效防止波浪冲刷，但考虑到施工等方面因素影响，因此建议砌缝宽度应尽可能控制在 1cm 以下。

# 7 预制块护坡砌缝材料试验

堤坝护坡工程中预制块砌缝材料主要为水泥砂浆，水泥砂浆由胶凝材料、细集料和水配制而成，在抹面和灌浆等工程中起到了一定的黏结、传递应力的作用。工程实践表明，水泥砂浆在进行砌缝填充抹面时，受自身流动度、强度及施工人员施工工艺等影响，后期又因为波浪水流冲刷、护坡预制块自重调整等，出现砌缝不饱满、脱落，继而出现垫层被淘空等现象。本章考虑到水泥砂浆材料具有就地取材、耐久性且造价低等特点，为改善预制块护坡砌缝材料出现的脱落问题，同时考虑到大规模施工的便利，将测定不同强度及添加外加剂后水泥砂浆的抗剪强度，从而评定砌缝材料与护坡混凝土预制块的黏结性能，以期为砌缝材料的研究及应用提供一定参考。

## 7.1 试验原材料选用

### 7.1.1 细骨料

试验所用细骨料为赣江天然砂，依据 SL/T 352—2020《水工混凝土试验规程》进行检测，细骨料颗粒级配、物理性能指标分别见表 7-1 和表 7-2。从表 7-1、表 7-2 可知，所用砂为中砂，细度模数为 2.9，含泥量为 1.9%，泥块含量为 2，检测的指标均符合 DL/T 5144—2015《水工混凝土施工规范》的要求。

**表 7-1　　细骨料颗粒级配**

| 筛孔尺寸/mm | 5.0 | 2.5 | 1.25 | 0.63 | 0.315 | 0.16 | <0.16 |
|---|---|---|---|---|---|---|---|
| 累计筛余/% | 1.5 | 5.2 | 11.9 | 39.2 | 90.5 | 98.0 | 100.0 |

表 7-2 细骨料的物理性能指标

<table>
<tr><th>序号</th><th>检测项目</th><th>标 准 要 求</th><th>检测结果</th><th>结果判定</th></tr>
<tr><td>1</td><td>表观密度/(kg/m³)</td><td>≥2500</td><td>2702</td><td>合格</td></tr>
<tr><td rowspan="2">2</td><td rowspan="2">含泥量/%</td><td>设计龄期强度等级不小于 30MPa 和有抗冻要求的混凝土：≤3%</td><td rowspan="2">1.9</td><td>合格</td></tr>
<tr><td>设计龄期强度等级小于 30MPa：≤5%</td><td>合格</td></tr>
<tr><td>3</td><td>泥块含量/%</td><td>不允许</td><td>0.0</td><td>合格</td></tr>
</table>

## 7.1.2 水泥

试验选用的水泥为“华新”牌普通硅酸盐水泥 P.O42.5，检测依据标准 GB/T 1346—2011《水泥标准稠度用水量、凝结时间、安定性检验方法》、GB/T 17671—1999《水泥胶砂强度检验方法（ISO 法）》、GB/T 8074—2008《水泥比表面积测定方法（勃氏法）》等，检测结果品质符合 GB 177—2007《通用硅酸盐水泥》、DL/T 5144—2015《水工混凝土施工规范》的规定。水泥的物理力学性能指标见表 7-3。

表 7-3 水泥的物理力学性能指标

<table>
<tr><th rowspan="2">检测项目</th><th rowspan="2">比表面积/(m²/kg)</th><th rowspan="2">初凝时间/min</th><th rowspan="2">终凝时间/min</th><th rowspan="2">安定性</th><th colspan="2">抗折强度/MPa</th><th colspan="2">抗压强度/MPa</th></tr>
<tr><th>3d</th><th>28d</th><th>3d</th><th>28d</th></tr>
<tr><td>P.O42.5</td><td>340</td><td>168</td><td>279</td><td>合格</td><td>4.8</td><td>7.7</td><td>27.6</td><td>46.4</td></tr>
<tr><td>标准</td><td>≥300</td><td>>45</td><td><600</td><td>合格</td><td>≥3.5</td><td>≥6.5</td><td>≥17</td><td>≥42.5</td></tr>
<tr><td>结果判定</td><td>合格</td><td>合格</td><td>合格</td><td>合格</td><td>合格</td><td>合格</td><td>合格</td><td>合格</td></tr>
</table>

## 7.1.3 粗骨料

试验所用细骨料为天然砂卵石，根据 SL/T 352—2020《水工混凝土试验规程》进行检测，粗骨料的物理性能指标见表 7-4。从表 7-3 可知，所用卵石级配为 5～10mm，含泥量为

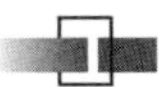

1.9%，泥块含量为2，检测的指标均符合 DL/T 5144—2015《水工混凝土施工规范》的要求。

表 7-4　　粗骨料的物理性能指标

| 序号 | 检测项目 | 标 准 要 求 | 检测结果 | 结果判定 |
| --- | --- | --- | --- | --- |
| 1 | 表观密度/(kg/m³) | ≥2550 | 2700 | 合格 |
| 2 | 超径/% | 20mm 原孔筛检验控制标准：≤5 | 0 | 合格 |
| 3 | 逊径/% | 5mm 原孔筛检验控制标准：≤10 | 0 | 合格 |
| 4 | 含泥量/% | D20、D40 粒径级：≤1 | 0.8 | 合格 |
|  |  | D80、D150（D120）粒径级：≤0.5 | — | — |
| 5 | 泥块含量/% | 不允许 | 0.0 | 合格 |

### 7.1.4 膨胀剂

试验采用的膨胀剂为江苏苏博特新材料有限公司生产的 HEM 类氧化钙-硫铝酸钙复合类膨胀剂，该膨胀剂的膨胀稳定、膨胀后收缩落差小，抗裂抗渗性好，检测依据标准 GB/T 1346—2011《水泥标准稠度用水量、凝结时间、安定性检验方法》、GB/T 17671—1999《水泥胶砂强度检验方法（ISO 法）》等，检测结果品质符合 GB/T 23439—2017《混凝土膨胀剂》对Ⅱ型膨胀剂（高性能膨胀剂）的规定要求。膨胀剂的物理力学性能及化学成分分别见表 7-5、表 7-6，膨胀剂掺量为 8%。

表 7-5　　膨胀剂的物理力学性能指标

| 检测项目 | 密度/(g/cm³) | 细度 1.18mm 筛余/% | 初凝/min | 终凝/min | 抗压强度/MPa |  | 限制膨胀率/% |  |
| --- | --- | --- | --- | --- | --- | --- | --- | --- |
|  |  |  |  |  | 7d | 28d | 7d | 28d |
| HEM | 2.90 | 0 | 170 | 220 | 22.9 | 41.8 | 0.15 | 0.10 |
| 标准要求 | — | ≤0.5 | ≥45 | ≤600 | ≥20 | ≥40 | ≥0.05 | ≥−0.01 |
| 结果判定 | 合格 | 合格 | 合格 | 合格 | 合格 | 合格 | 合格 | 合格 |

表 7-6　　膨胀剂的化学成分　　%

| 检测项目 | $SiO_3$ | CaO | MgO | $Fe_2O_3$ | $Al_2O_3$ | $K_2O$ | $Na_2O$ | $SO_3$ | 烧失量 |
| --- | --- | --- | --- | --- | --- | --- | --- | --- | --- |
| HEM | 1.03 | 52.70 | 1.81 | 0.66 | 13.61 | 0.40 | 0.14 | 28.33 | 1.26 |
| 标准要求 | — | — | ≤5 | — | — | — | — | — | — |

## 7.2 试验设计

通过对不同强度及掺加外加剂的水泥砂浆与护坡混凝土预制块进行抗剪强度试验研究，对砌缝材料与护坡混凝土预制块的黏结性能进行评估，从而得到不同强度及掺加外加剂的水泥砂浆与护坡混凝土预制块黏结性能的影响规律。

### 7.2.1 配合比设计

根据 SL/T 352—2020《水工混凝土试验规程》附录 A 水工混凝土配合比设计方法及水工砂浆配合比设计方法，配置强度为 C15 的混凝土，强度为 M15、M20 的砂浆，考虑到砂浆收缩裂缝影响的砌缝脱落等情况，在配合比设计中，对 1 组 M20 的砂浆添加胶凝材料掺量为 6%～12%的膨胀剂，取 8%掺量，最后设计 4 组配合比，其中 C15 混凝土配合比 1 组，M15 砂浆配合比 1 组，M20 砂浆配合比 2 组（其中 1 组掺外加剂），混凝土及砂浆配合比设计情况见表 7-7 和表 7-8，试验过程如图 7-1、图7-2所示。

表 7-7 混凝土配合比

| 混凝土等级 | 水泥 /(kg/m³) | 细骨料 /(kg/m³) | 粗骨料 /(kg/m³) | 水 /(kg/m³) | 28d 抗压强度 /MPa |
|---|---|---|---|---|---|
| C15 | 260 | 764 | 1194 | 173 | 17.8 |

表 7-8 水泥砂浆试验配合比

| 砂浆等级 | 水泥 /(kg/m³) | 水 /(kg/m³) | 细骨料 /(kg/m³) | 膨胀剂 /(kg/m³) | 水灰比 /(kg/m³) | 28d 抗压强度 /MPa |
|---|---|---|---|---|---|---|
| M15 | 400 | 350 | 1350 | — | 0.875 | 17.2 |
| M20 | 300 | 210 | 1350 | — | 0.70 | 22.5 |
| M20⁺ | 300 | 210 | 1350 | 24 | 0.70 | 23.0 |

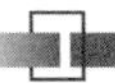

图 7-1 混凝土抗压强度试验

图 7-2 砂浆抗压强度试验

### 7.2.2 相似模型建立

根据护坡预制块的铺设情况，选取部分区域进行水泥砂浆与护坡混凝土预制块黏结性能试验，如图 7-3 所示。为便于试验模型建立，对试验模型区域进行缩放，以长度比例尺 1∶2进行试验，试验模型可以在试块试模具中进行，成型过程中先成型并养护混凝土①和混凝土②，其中混凝土①和混凝土②强度为C15，待养护完成后浇筑水泥砂浆砌缝，试验中水泥砂浆共进行两种不同强度，其中强度 M15 砂浆 1 组、强度 M20 砂浆 2 组（1 组按掺量掺加膨胀剂），试验模型浇筑情况如图 7-4 所示。

### 7.2.3 试验步骤

试件模型制作完成后，对试件开展砌缝剪切试验，微机控制电动应力式直剪仪剪切加载速度为 1.5kN/s，当荷载突然下降，即剪切面被剪坏，试件发生破坏，并记录破坏荷载，通过计算抗剪强度来评定砂浆与砌块之间的黏结性能。图 7－5 为成型后的试件模型，图 7－6 为试件加载过程。

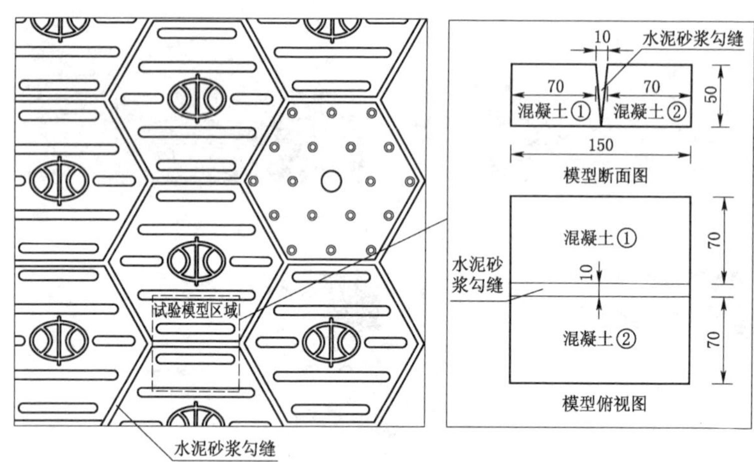


图 7－3 黏结性能试验模型

（a）固定砌缝位置及形状

（b）浇筑砌缝两侧混凝土

（c）拆模养护形成砌缝

（d）砌缝浇筑水泥砂浆

图 7－4 试验模型浇筑情况

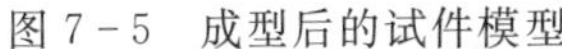

图 7-5　成型后的试件模型

图 7-6　试件加载过程

## 7.3 模型试验成果分析

考虑到实际情况均为无轴向应力作用下，试验过程中仅通过分析混凝土与砌缝砂浆的抗剪强度来分析两者之间的黏结性能，实测胶结面抗剪强度值，见表 7-9。

表 7-9　　胶结面抗剪强度

| 序号 | 砂浆强度/MPa | 抗剪强度实测值/MPa | 平均抗剪强度/MPa |
|---|---|---|---|
| 1 | 17.2 | 0.86 | 0.82 |
| 2 | | 0.79 | |
| 3 | | 0.82 | |
| 4 | 22.5 | 1.25 | 1.23 |
| 5 | | 1.24 | |
| 6 | | 1.21 | |
| 7 | 23.0 | 1.46 | 1.49 |
| 8 | | 1.48 | |
| 9 | | 1.52 | |

从试验结果来看，不同强度等级的砂浆砌缝材料在试件发生剪切时，其破坏发展情况基本一致，均在砌缝处发生破坏，裂缝

出现在砂浆砌缝材料处。

从破坏处的砂浆情况来看，砌缝材料胶结面浇筑的较好，整体比较密实，未出现对强度有明显影响的孔。

比较三种不同强度砂浆砌缝材料，砂浆强度越大，抗剪强度越大。

比较 M15 和 M20 两种砂浆砌缝材料，砌缝砂浆强度越大，抗剪强度越大。比较两种砂浆实测强度，砂浆抗压强度提高 23.5%，砂浆抗剪强度提高 32.5%。

比较 M20 和添加 8%膨胀剂 M20 两种砂浆砌缝材料，砂浆抗压强度提高 2.2%，砂浆抗剪强度提高 17.4%，由此可知，合理的膨胀剂掺量，可使胶结面砂浆的孔隙分布呈一个较好的状态，能一定程度上提高砂浆强度，极大提高砂浆抗剪强度。

## 7.4　砌缝材料微观结构分析

为了进一步分析掺膨胀剂处理砌缝材料对砌缝处理后的性能改善情况，试验采用 YG－97A 型电容式压汞仪对 M20 和添加 8%膨胀剂 M20 的砂浆内部结构进行微观分析，主要测定处理后的孔隙体积和孔径分布。

### 7.4.1　试验原理

电容式压汞仪 YG－97A（图 7－7）试验原理：根据毛细管压力的工作原理，利用汞对固体样品的非润湿性，在外加压力作用下将汞压入固体孔道，依据 Washburn 提出的圆柱形孔隙模型，[式（7－1）]，测量不同压力下注入的汞体积量即可知相应孔半径大小的孔体积，从而可以求出材料的孔径分布曲线（孔隙度）。

Washburn 圆柱形孔隙模型，即

$$\pi r^2 p = -4\pi d\gamma\cos\theta \tag{7-1}$$

式中 $p$——压汞压入孔隙中的压强，MPa；

$d$——等效孔径，mm；

$\gamma$——汞的表面张力系数，mN/m；

$\theta$——汞与混凝土多孔材料的接触角度，(°)。

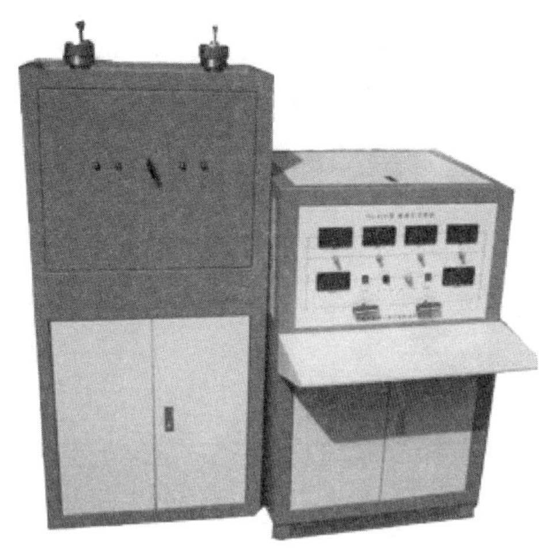

图 7-7 压汞微观测试仪

### 7.4.2 试验结果分析

为真实反映现场实际情况，试验中采取的样品为砂浆砌缝剪切试验后材料，由于试验后砂浆材料为不规则体，很难测出其表观体积，因此，试验仅对两种砂浆（M20 和 M20$^+$）的孔径分布情况进行分析。吴中伟教授根据孔径大小可将孔分为 4 个等级：孔径小于 20μm 的称为无害孔，孔径在 20～50μm 之间的称为少害孔，孔径在 50～200μm 的称为有害孔，孔径在 200μm 以上的称为多害孔。不同砌缝砂浆材料孔径分布情况如表 7-10 所示。

表 7-10　　M20 和 $M20^+$ 砂浆孔径分布情况

| 砂浆等级 | 砌缝材料 | 孔径分布/% | | |
|---|---|---|---|---|
| | | 20～50μm 少害孔 | 50～200μm 有害孔 | 200μm 以上 多害孔 |
| M20 | | 12.70 | 27.90 | 57.40 |
| $M20^+$ | | 30.50 | 25.90 | 41.60 |

根据表 7-10，两种砂浆 M20 和 $M20^+$ 的砂浆孔径分布如图 7-8所示。

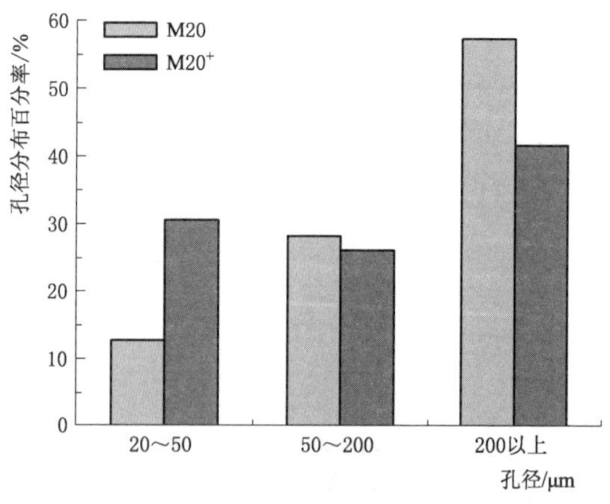


图 7-8　M20 和 $M20^+$ 砂浆孔径分布图

从表 7－10 和图 7－8 可知，随着膨胀剂的掺入，砂浆的孔径分布均发生了较大变化，尤其是多害孔孔径和少害孔孔径，其中，多害孔孔径分布百分率由 57.4％降低到 41.6％，少害孔孔径由 12.7％ 增长到 30.5％，有害孔孔径由 27.9％ 降低到 25.9％，总体来看，合理的外加剂掺入使得砂浆的结构更加致密。原因是掺入膨胀剂会促进砂浆内针棒状钙矾石 Aft 晶体的生长，而针棒状钙矾石 Aft 晶体的数量会随着膨胀剂掺量的增加而增加，使得混凝土与砂浆接触面因膨胀而更加密实，有利于提高了胶结面的抗剪强度。

## 7.5 本章小结

本章通过配置 3 种不同配合比的砂浆，测定每组砂浆砌缝材料的抗压强度及砌缝材料胶结面的抗剪强度，进行了抗剪强度实测值与强度指标对比分析，得出结论如下：

（1）介绍了试验研究中所用的粗细骨料、水泥、膨胀剂等材料的基本性能指标，并通过筛分试验明确了粗细骨料的级配情况，结合工程实际及相应标准要求进行了混凝土配合比设计。

（2）砌缝饱满度、砂浆强度是影响砌缝材料胶结面抗剪强度的重要因素，且这两个影响因素相互制约、相互影响。

（3）不同强度等级的砂浆砌缝材料，其抗剪强度随着抗压强度增加而增大。

（4）膨胀剂的增加虽然对提高砂浆砌缝材料的强度影响较小，但对提高砂浆材料胶结面抗剪强度有着较大影响，并通过微观分析进一步验证了合理的膨胀剂掺量，可改善砂浆砌缝材料的和易性，极大提高砂浆抗剪强度。

# 8 防滑式护坡混凝土预制块的生产工艺及质量控制技术

现有规范 SL 634—2012《堤防工程施工质量验收评定标准》仅在第 10 节护坡工程中通过列表形式对各类护坡单元工程施工质量标准进行了描述，在表 10.0.8 规定了传统护坡混凝土预制块外观尺寸、护坡厚度、铺筑质量、反滤情况等质量要求及检测方法。对于防滑式护坡混凝土预制块如何在后期广泛推广应用中进行质量控制未查找到相关依据，且在其他领域也暂处空白，这对施工后的质量评定工作造成较大影响，不利于评定工作的客观公正性。本章结合现场施工及前几章预制块防滑、砌缝材料及宽度等试验研究提出防滑式护坡混凝土预制块质量控制要求，从而规范防滑式护坡混凝土预制块的施工，提高其防滑效果和耐久性，进一步提升水利工程建设形象，填补水利工程用防滑预制块的技术空白。

## 8.1 模具制作

模具根据防滑式护坡混凝土预制块结构类型、质量要求及施工工艺进行设计，并应按照设计图纸和工艺文件进行加工制作。模具应具有足够的强度、刚度和稳定性，同时应满足混凝土构件顺利脱模、成型和表面质量效果的要求，浇筑混凝土时，应对模具进行观察和维护，发生异常情况时，应及时处理。

模具拆除时混凝土强度应符合设计要求；当设计无要求时，应符合 SL/T 352—2020《水工混凝土试验规程》的要求。脱模时，应能保证混凝土预制构件表面、棱角及表面防滑构造措施不受损伤。模板拆除后，应及时清理板面，并涂刷脱模剂；对变形部位，应及时修复。

## 8.2 混凝土

### 8.2.1 一般规定

防滑护坡混凝土预制块混凝土应满足施工操作的需要，且强度等级、耐久性和成型后的表观要求应符合设计要求和有关标准规定。

### 8.2.2 原材料

1. 水泥

水泥进场时应对其品种、等级或散装仓号、出厂日期等进行检查，并应对其强度、安定性及其他必要的性能指标进行复验，其质量必须符合现行国家标准 GB 175—2007《通用硅酸盐水泥》等的规定；水泥进场温度不宜高于 60℃，不应使用温度大于60℃的水泥拌制混凝土。

2. 细骨料

所用的细骨料质量应符合 GB/T 14684—2011《建设用砂》、SL 352—2020《水工混凝土试验规程》要求，细骨料应具有良好的级配，颜色一致，严格控制骨料中的有机杂质含量和含泥量，细骨料宜选用Ⅱ区中砂，不得单独使用细砂和特细砂。

3. 粗骨料

所用的粗骨料质量应符合 GB/T 14685—2011《建设用卵石、碎石》、SL 352—2020《水工混凝土试验规程》要求，粗骨料应具有良好的级配，颜色一致，严格控制骨料中的有机杂质含量和含泥量；粗骨料最大粒径不应大于预制块厚度的 2/3。

4. 外加剂及掺和料

混凝土用外加剂质量及应用技术应符合 GB 8076—2008《混凝土外加剂》和 GB 50119—2013《混凝土外加剂应用技术规范》

及有关环境保护的规定；最好选用聚羧酸系高性能外加剂，其质量应满足 JG/T 223—2017《聚羧酸系高性能减水剂》的要求；外加剂进场必须附有相应资质等级检测部门出具的检测报告、厂家提供的出厂检测结果和合格证等质量证明文件；外加剂的掺用不应改变混凝土的颜色。

粉煤灰应符合 GB/T 1596—2017《用于水泥和混凝土的粉煤灰》的规定，高炉矿渣粉应符合 GB/T 18046—2017《用于水泥、砂浆和混凝土中的粒化高炉矿渣粉》的规定。

5. 拌和用水

混凝土拌和用水和养护用水应无色无味，并应符合JGJ 63—2006《混凝土用水标准》的规定。

### 8.2.3 配合比设计

混凝土预制块混凝土应按 JGJ 55—2011《普通混凝土配合比设计规程》的有关规定，根据混凝土强度等级、耐久性和工作性能等要求进行配合比设计；对有特殊要求或需要掺加其他材料的混凝土预制块，其混凝土配合比设计应符合国家现行有关标准的规定和设计要求。混凝土坍落度不宜大于 160cm，偏差宜控制在±10cm 之内。首次使用的混凝土配合比应满足设计配合比的要求，应至少留置一组标准养护试件，作为验证配合比的依据。混凝土中氯化物和碱总含量应符合设计要求。当设计无要求时，应符合 GB 50010—2010《混凝土结构设计规范》和 GB/T 50476—2019《混凝土结构耐久性设计规范》的规定。混凝土硬化后表面不应出现析霜或返潮现象。

### 8.2.4 预制过程、成品养护和保护

预制过程中应保证预制块地面光滑，在预制场采用混凝土浇筑一块场地用于预制混凝土。混凝土拌和采用混凝土搅拌机搅拌，胶轮车运送，人工入模，采用手持电动振捣器密实。混凝土初凝前应进行初步清光，终凝后再次进行清光，确保表面光滑平

整。浇筑完成后 12～18h 进行覆盖养护，当混凝土强度达到 2.5MPa 以上，拆除模具进行集中堆放。

混凝土预制块成品养护、成品保护及储存运输应依据已确认的专项方案的相关要求实施，同时混凝土预制块养护和成品保护应由专人负责。成品养护方式一般有水中养护、自然养护、喷淋养护和涂刷养护剂养护，每种养护方式的养护制度应经过试验确定后实施。同工程、同效果要求的预制块养护方式应保持一致，养护水及覆盖物应保持洁净，不得污染预制块表面。混凝土预制块成品应建立严格有效的保护制度，明确保护内容和职责。混凝土预制块成品防护应全程进行防尘、防油、防污染。混凝土预制块应根据储存数量和时间设有专门的储存区域，储存场地必须坚实平整。混凝土预制块在运输过程中必须采取适当的防护措施，防止损坏或污染其表面。

## 8.3 质量要求

### 8.3.1 表观质量

防滑式护坡混凝土预制块不得出现蜂窝、孔洞、夹渣、疏松等质量缺陷。其他缺陷根据其对使用功能影响的严重程度，按表 8－1规定确定，有严重缺陷的预制块应该丢弃。

**表 8－1　　防滑式护坡混凝土预制块表观质量缺陷**

| 项次 | 名称 | 缺陷现象 | 严重缺陷 | 般缺陷 |
|---|---|---|---|---|
| 1 | 表面裂缝 | 缝隙从混凝土表面延伸至混凝土内部 | 存在影响使用功能 | 表面存在的不影响使用功能且宽度小于 0.2cm 的裂缝 |
| 2 | 外形缺陷 | 棱角磕碰、不顺直、翘曲不平、飞边毛刺等 | 影响使用功能的缺陷 | 不影响使用功能的缺陷 |
| 3 | 外表缺陷 | 麻面、掉皮、起砂和水迹沾污 | 缺陷面积大于总面积的 1/4 | 缺陷面积小于总面积的 1/4 |

### 8.3.2 尺寸偏差

防滑式护坡混凝土预制块外形尺寸偏差应符合表8-2要求。

表8-2 防滑式护坡混凝土预制块外形尺寸偏差

| 检测项目 | 允许偏差 |
|---|---|
| 边长 | 符合设计要求，当设计无要求时，不大于5mm |
| 高（厚）度 | 符合设计要求，当设计无要求时，不大于5mm |
| 角度偏差值 | 不大于2° |

### 8.3.3 强度等级

强度等级应符合设计要求，混凝土强度试件尺寸、系数换算、成型方法以及检验评定应符合SL/T 352—2020《水工混凝土试验规程》的规定。混凝土预制块拆模的混凝土强度可使用非标准尺寸试件，但出厂评定验收的混凝土强度应根据制作成标准尺寸试件的混凝土强度确定。

### 8.3.4 防滑性能

防滑式护坡混凝土预制块是通过增加其抗滑力，通过增加光面护坡混凝土预制块表面摩擦力或构造的抗剪下滑力，具体措施：①改良表面材料，通过选用防滑性能较好的材料增加表面摩擦力；②表面增加凸出的文字、条纹和图案，通过构造措施增加抗剪下滑力。结合防滑措施，具体可采取以下方法来判断其防滑性能。

1. 摆锤式阻滑值试验方法

适用范围：通过改良表面材料的预制块防滑值测定。

具体方法：将摆锤式阻滑值测定仪（图8-1）的摆锤抬起一定角度，使具有规定势能的摆锤以规定的压力划过预制块表面一定的距离后摆向另一侧，测量摆锤因克服时间表面摩擦阻力而损失的势能，以势能的损失量反映时间表面的阻滑能力，用于评定涉坡人员行走中滑倒的风险大小。

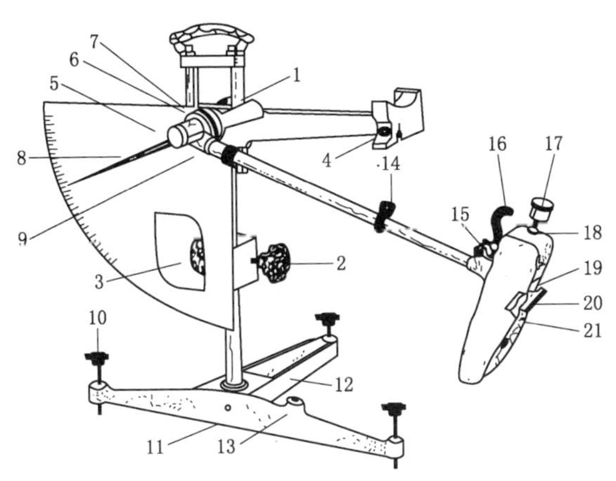


图 8-1 摆锤式阻滑值测定仪

1—紧固把手；2、3—升降把手；4—释放开关；5—摆轴螺盖；6—调节螺母；7—针簧片或毡垫；8—指针；9—连接螺母；10—调平螺栓；11—底座；12—可折叠底座；13—水平泡；14—卡环；15—定位螺丝；16—举升柄；17—平衡锤；18—锁紧螺母；19—滑块；20—橡胶片；21—止滑螺丝

2. 混凝土抗剪强度试验方法

适用范围：构造措施为比较规则且较为简单的图形图案。

具体方法：构造室内模型，测定不同法向力下混凝土本体与构造措施层面的抗剪强度，并用最小二乘法求得库仑准则公式［式（3-1）］中的摩擦系数 $f$ 和黏聚力 $c$ 值。如图 8-2 所示。

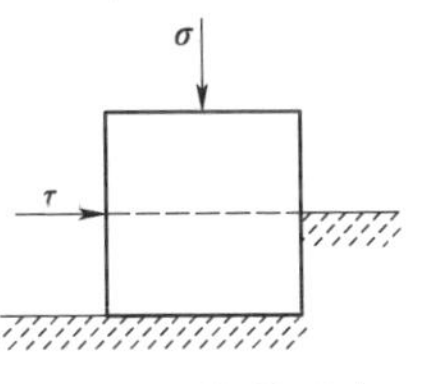


图 8-2 抗剪强度试验示意图

3. 斜坡法临界角试验方法

遇构造措施为比较复杂的图形图案，无法采用混凝土抗剪强度试验方法开展模型试验，可采用斜坡法临界角试验方法，试验人员在用预制块铺成的有一定坡度的斜坡上来回行走，行走过程中逐渐增加斜坡的角度直至能够在斜坡上

安全行走的极限角度，以此作为临界角来反映预制块表面的防滑能力，如图 8－3 所示。

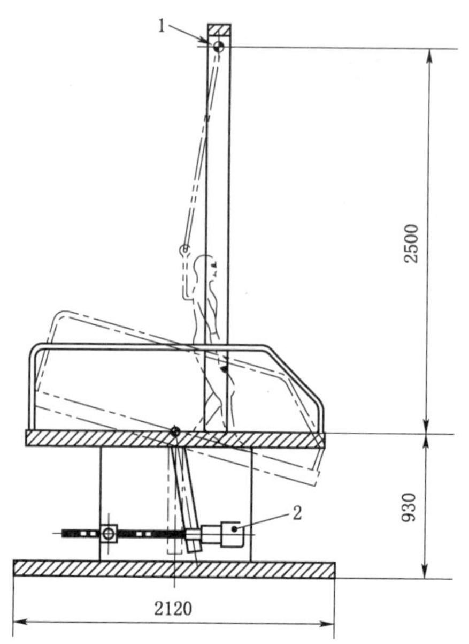


图 8－3　斜坡法临界角试验示意图

1—安全带及放坠落系统；2—驱动装置

4. 防滑能力判定依据

防滑能力评判见表 8－3。

**表 8－3　　防滑能力评判表**

| 试验方法 | 评定依据 | 防滑能力 |
|---|---|---|
| 摆锤式阻滑值试验方法 | 摆值 $BPN>40$ | 高 |
| | $20<$ 摆值 $BPN\leqslant 40$ | 中 |
| | 摆值 $BPN\leqslant 20$ | 低 |
| 混凝土抗剪强度试验方法 | 抗剪力 $F>2000$kN | 高 |
| | 800kN$<$抗剪力 $F\leqslant 2000$kN | 中 |
| | 抗剪力 $F\leqslant 800$kN | 低 |

续表

| 试 验 方 法 | 评 定 依 据 | 防滑能力 |
|---|---|---|
| 斜坡法临界角试验方法 | 临界角 $\alpha>45°$ | 高 |
| | $30°<$临界角 $\alpha\leqslant45°$ | 中 |
| | 临界角 $\alpha\leqslant30°$ | 低 |

## 8.4 防滑式护坡混凝土预制块铺装

砂石混合料均匀摊铺在基层上，其上不得站人，用刮板按要求的坡度整平后铺设防滑式护坡混凝土预制块，采用人工分段分区铺砌。

在防滑式护坡混凝土预制块铺设前，应检查其表观质量、外观尺寸，不合格的防滑式护坡混凝土预制块应予以剔除。必须严格控制基层施工质量，铺砌时应从下坡向坡脊方向人字形铺筑，确保防滑式护坡混凝土预制块与基层结合牢固。

防滑式护坡混凝土预制块铺设砌缝应严密，块体间砌缝应采用砂浆勾缝，砂浆强度应大于防滑式护坡混凝土预制块本体抗压强度，同时可添加适当的膨胀剂，以减小砂浆颗粒间隙，提高砌缝砂浆抗剪强度；防滑式护坡混凝土预制块砌缝缝宽应小于10mm。

## 8.5 本章小结

本章结合防滑式护坡混凝土预制块铺设流程，从模具制作、混凝土浇筑、预制块铺装等方面对预制块的生产工艺及质量控制技术做了重点阐述。

（1）提出了防滑式护坡混凝土预制块的模具制作要求，从原材料、配合比涉及、预制块养护等方面提出了混凝土要求。

（2）提出了防滑性能检测的三种常用方法及评定标准，结合前几章的试验结果，提出了砌缝材料、砌缝宽度的参考值。

（3）强调了防滑式护坡混凝土预制块铺设的关键指标和要求。

# 9 结论与展望

## 9.1 结论

为解决库岸预制护坡工程运行安全与加固面临的系列重大关键技术难题，本书以提高库岸预制护坡工程安全为目的，在库岸预制护坡工程运行安全与加固方面，通过产品研发、现场调研、理论分析、室内试验等方法、手段，开展了防滑型护坡混凝土预制块护坡成套技术、预制护坡砌缝和库岸预制护坡工程预制块消浪技术等内容的研究，并通过工程实践取得了成套关键新技术，研究成果成功推广应用于江西省百余座堤防、水库、山塘、渠道等新建及加固项目中，具有很强的推广应用价值。具体研究成果如下：

(1) 采用统计调查方法，对传统护坡涉坡人员伤亡情况、护坡破坏情况进行了调查分析，调查显示：

1) 传统混凝土预制块护坡不防滑是引发涉坡人员伤亡的主要原因，护坡破坏主要受设计不周、垫层铺设存在问题、施工质量差、长期受到风浪压力作用、管理不善，维修不及时等多种因素影响。

2) 护坡砌缝宽度为 5～20mm，但集中分布在 6～10mm 之间。

(2) 采用 YZW50 微机控制电动应力式直剪仪，开展防滑护坡混凝土预制块防滑性能及砌缝材料黏结性能试验研究，试验结果表明：

1) 防滑护坡混凝土预制块相比光面护坡混凝土预制块在混

凝土用量上增加了 0.00044m$^3$，但其抗滑能力较光面混凝土预制块护坡提高了 6.7 倍，表现出很好的防滑效果。

2）砌缝砂浆饱满度、砂浆强度是影响砌缝材料胶结面黏结性能的重要因素，且这两个影响因素相互制约、相互影响。不同强度等级的砂浆砌缝材料，其抗剪强度随着抗压强度的增加而增大。

3）膨胀剂的增加虽然对提高砂浆砌缝材料的强度影响较小，但对提高砂浆材料胶结面抗剪强度有着较大影响，因此，掺量膨胀剂，可改善砂浆砌缝材料的和易性，提高砂浆抗剪强度。

（3）采用室内物理模型试验，开展了防滑护坡混凝土预制块抑浪效果及砌缝宽度试验研究，试验结果表明：

1）防滑护坡混凝土预制块整体消浪效果可达到 30%，相比于光面预制块护坡，新型防滑预制块护坡表现出较好的消浪作用，且从经济效益来看，每 100m$^2$ 防滑混凝土预制块护坡相比光面混凝土预制块护坡增加了 0.18m$^3$ 混凝土，但堤顶高程降低 0.14m，具有良好的经济推广前景。

2）模型试验结果分析得相比光面护坡混凝土预制块，防滑护坡混凝土糙渗系数均值为 0.77。

3）孔隙水压力与护坡垫层位置、堤前水位、砌缝宽度密切相关。护坡垫层孔隙水压力随波浪周期出现周期变化，且受垫层静水头压力及波浪爬高影响，垫层垂直位置越高，孔隙水压力波动变化范围越大；堤前水位越大，护坡垫层孔隙水压力越大，波动变化范围越大；当砌缝情况一致时，砌缝宽度越小，砌缝内孔隙水压力越小，越能有效防止波浪冲刷，但考虑到施工等因素影响，因此，建议砌缝宽度应尽可能控制在 1cm 以下。

（4）结合混凝土预制块护坡铺设流程，提出了预制块的生产工艺及质量控制技术，提出了防滑性能检测的 3 种常用方法及评定标准，给出了砌缝材料、砌缝宽度的参考建议和参考值。

## 9.2 创新点

本书通过系统研究、实践与推广应用，取得库岸预制护坡工程运行安全保障成套新技术成果，推动了库岸预制护坡工程安全提升、工程设计、施工建设、质量检测等方面的科技进步：

（1）研发了库岸防滑护坡混凝土预制块，有效减少了长期以来施工及日常管理中人员伤亡问题；提出了具体的防滑性能检测方法，为防滑设计提供了理论依据，也为准确检测防滑性能提供了有效的技术手段；提出了库岸护坡混凝土预制块水文化理念，增强了预制块水文化内涵和铺设美感。该技术成果显著提升了库岸预制护坡工程涉坡安全，为其施工建设提供了指导依据。

（2）研发了库岸护坡混凝土预制块侧面抗裂防滑键槽和拼接砌缝砂浆改良材料，提出了拼接砌缝宽度控制标准，大幅提高了砌缝砂浆黏结强度，解决了砌缝砂浆拼装裂缝、脱落和垫层被掏的难题。

（3）提出了库岸预制护坡工程消浪技术，研发了适宜鄱阳湖区库岸预制护坡工程的消浪预制块，破解了复杂随机波浪研究难、护坡工程预制块消浪效果差等难题，消浪预制块在确保护坡安全前提下，可节约混凝土用量约15%，降低堤坝高程约0.3m，经济效益显著。该技术成果填补了鄱阳湖区护坡室内波浪模型试验研究的空白，为库岸预制护坡工程消浪选型提供了技术手段。

## 9.3 展望

本书主要对改良后的防滑式护坡混凝土预制块的防滑、抑浪、砌缝材料及宽度问题展开了研究，但受限于模型试验的条件，尚有一些问题需要进一步研究：

（1）在模型试验研究方面，仅模拟了风浪对防滑式预制块护坡的影响，在真实模拟环境条件方面还存在不足，后续有条件应进行日晒、雨淋等综合条件影响下护坡的破坏研究。

（2）在砌缝材料研究方面，为便于施工材料能就地取材、耐久性好且造价低，仅考虑了水泥砂浆材料的黏结强度及添加外加剂后的黏结强度变化，在新材料开发方面还存在不足，后续有条件应多进行新材料的添加及开发研究。

（3）在砌缝宽度研究方面，直接通过人为构造不同砌缝宽度来研究波浪冲刷对垫层的影响，而真实条件下砌缝脱落受到自然条件等多重因素影响，后续有条件应进行砌缝老化试验，以更符合实际情况。同时砌缝宽度仅设置了 0.5mm、1.0mm 和 1.5mm 3 组工况，宽度控制上还不太全面，后续应补充其他试验工况同时增加数值模拟，以得出更加精准的结论。

（4）在研究对象方面，本书研究对象为九江地区，包括波浪爬高试验也以九江地区水体中波浪情况来进行模拟，研究成果的适用范围还有待于拓展。

# 参考文献


[1] 易慧菊，李汉林，宋慷. 小型水库现状分析及除险加固措施 [J]. 低碳世界，2018 (10)：59-60.

[2] 王萍，孙健. 混凝土砌块护坡的设计与施工 [J]. 治淮，2009 (10)：37-38.

[3] 张伟涛. 生态护坡技术在河道治理中的应用 [J]. 吉林农业，2017 (23)：68.

[4] 胡瑞. 干砌石护坡技术在水库除险加固工程中的应用分析 [J]. 乡村科技，2019 (19)：123-124.

[5] 杨启贵，高大水. 我国病险水库加固技术现状及展望 [J]. 人民长江，2011，42 (12)：6-11.

[6] 郑志禄. 混凝土砌块护坡在水利工程中的应用 [J]. 中国水运（下半月刊)，2011，11 (3)：140-141.

[7] 吴金德. 农村河道护坡治理模式及生态护坡应用探讨 [J]. 水利规划与设计，2016 (9)：67-69.

[8] 盛东升. 长江堤防中混凝土护坡 [J]. 山西建筑，2008 (1)：358-359.

[9] 任海燕. 水利水电工程大坝混凝土护坡现浇施工工艺 [J]. 珠江水运，2019 (23)：100-101.

[10] 范玉鹏. 模袋混凝土护坡在工程中的应用 [J]. 科技创新与应用，2016 (15)：219.

[11] 张蛟龙. 河道生态护坡关键技术及生态功能 [J]. 水利规划与设计，2016 (1)：82-84.

[12] 张亚刚. 生态护坡在河道治理工程中的应用 [J]. 黑龙江水利科技，2019，47 (12)：189-191.

[13] 徐佰国. 现浇混凝土面板在小型水库护坡中的应用 [J]. 山东水利，2011 (4)：61-64.

[14] 田志刚，卜庆伟，宋玉田，辛宏杰，刘健，李浩. 一种新型植草混

凝土预制块 [P]. 山东：CN105507206A，2016-04-20.

[15] 阮思忠. 一种新型的预留加置钢筋孔的生态护坡挡墙预制块 [P]. 福建：CN204919597U，2015-12-30.

[16] 李柏霖. 大坝混凝土预制块护坡的施工技术要点探究 [J]. 黑龙江科技信息，2016 (6)：196.

[17] 周爱山. 土石坝护坡破坏原因、危害及防治 [J]. 河南科技，2014 (19)：176-177.

[18] 王火明，王在杭，蔡丛兵，等. 混凝土预制块铺面的承载力特性试验研究 [J]. 公路交通技术，2012 (2)：24-30.

[19] 马志联. 土石坝上游护坡设计浅薄见解 [J]. 科技风，2010 (14)：172-173.

[20] 康杰. 混凝土预制块护坡变形分析及处理建议 [J]. 河北水利，2018 (10)：38.

[21] 王火明，蔡丛兵，王在杭，等. 混凝土预制块铺面砌缝渗水特性试验研究 [J]. 公路交通技术，2012 (4)：4-9.

[22] 郑继，张成银，刘长顺. 预制混凝土砌块护坡工程中铺设缝宽质量验收探讨 [J]. 中国水运（下半月刊），2015，15 (5)：305-306.

[23] 刘长顺，郑继，张成银. 普通预制混凝土砌块护坡砂石料反滤层设计方法探讨 [J]. 水利水电技术，2016，47 (1)：63-66，81.

[24] 左东启. 相似理论20世纪的演进和21世纪的展望 [J]. 水利水电科技进展，1997 (2)：12-17.

[25] 仵锋锋，曹平，万琳辉. 相似理论及其在模拟试验中的应用 [J]. 采矿技术，2007 (4)：64-65.

[26] 林皋. 研究拱坝震动的模型相似律 [J]. 水利学报，1958 (1)：79-104.

[27] 夏颂佑，张楚芳，张鸣岐. 动态结构模型相似条件若干问题的探讨（兼对“研究拱坝振动的模型相似律”一文的几点讨论意见）[J]. 华东水利学院学报，1980 (1)：59-72.

[28] 白象忠. 相似法则的放宽原则 [J]. 实验力学，1988 (4)：412-417.

[29] 廖光明，吕西林. 钢筋混凝土结构动力相似关系研究 [J]. 四川建筑科学研究，1989 (3)：35-43.

[30] 王庆寿，赵德雍. 模型试验材料——冻粉和石膏矽藻土的研究 [J]. 大连工学院学刊，1960 (2)：71-94.

[31] B-M Bakhtin，Dumenko V-I. Seismic stability of a concrete gravity dam having a lightweight profile [J]. Hydrotechnical Construction，

1979，13 (5).

[32] P-A Gutidze. Model investigations of seismic action on the concrete arch dam of the Inguri hydroelectric station [J]. Hydrotechnical Construction，1986，19 (11).

[33] 鞠杨，苏宏，李锡静，等. 微粒混凝土配制技术 [J]. 低温建筑技术，1994 (4)：25-26.

[34] 鞠杨，国明超，吴振声. 微粒混凝土受拉性能研究 [J]. 工业建筑，1994 (12)：28-31.

[35] 朱彤，杨迅. 高混凝土坝动力模型试验材料特性研究 [J]. 水电能源科学，2011，29 (10)：47-48.

[36] 肖杰，刘保国. 水泥石膏相似材料配比试验研究 [J]. 岩土工程技术，2015，29 (2)：65-68.

[37] 李绿宇，国巍. 微粒混凝土基本力学特性及其影响参数的试验研究 [J]. 世界地震工程，2016，32 (4)：277-283.

[38] 权登州，王毅红，马蓬渤，等. 振动台试验中小缩尺比模型材料试验研究 [J]. 工业建筑，2016，46 (12)：98-103.

[39] 柳春光，张士博，张继伟. 动力试验模型用橡胶集料微粒混凝土力学性能初步试验研究 [J]. 水利与建筑工程学报，2017，15 (1)：8-12.

[40] 陈国平，周益人，琚烈红. 海堤护面型式对波浪爬高和越浪的影响 [J]. 水运工程，2005 (10)：28-30.

[41] 张怀坤. 宿鸭湖水库除险加固工程大坝上游护坡优化设计 [J]. 河南水利与南水北调，2011 (16)：51-53.

[42] 周效国，李雨，江沭淮，刘铭祎，彭儒. 多层直立开孔挡板透空式防波堤消浪性能试验研究 [J]. 水运工程，2014 (1)：31-35+57.

[43] 李火坤，杜磊，李怡静，徐旺敏，刘伍根. 土堤加糙透水式预制块护坡消浪效果模型试验 [J]. 农业工程学报，2017，33 (4)：146-152.

[44] 江沭淮，周效国，刘铭祎，彭儒，陶涛. 透空式防波堤消浪效果研究与应用进展 [J]. 中国水运（下半月刊），2013，13 (12)：360-361.

[45] 潘军宁，王登婷，吴美安，杨正己. 波浪作用下混凝土砌块护坡稳定性试验研究 [J]. 河海大学学报（自然科学版），2005 (4)：476-481.

[46] 柯文豪. 水泥混凝土路面抗滑性能及评价模型研究 [D]. 西安：长安

大学，2010.

[47] 郭万里，朱俊高，温彦锋．对粗粒料 4 种级配缩尺方法的统一解释 [J]．岩土工程学报，2016，38 (8)：1473-1480.

[48] 魏明伟．港口工程物模试验用造波系统的参数计算及软件设计 [D]．天津：天津理工大学，2012.

[49] Flore Brue，Catherine A. Davy，Frédéric Skoczylas，Nicolas Burlion，Xavier Bourbon. Effect of temperature on the water retention properties of two high performance concretes [J]. Cement and Concrete Research，2012，42 (2).

[50] 刘柏生．机制砂高性能隧道二衬混凝土的孔结构研究 [J]．中国水运（下半月刊），2015，15 (12)：241-243.

[51] 吴中伟．混凝土科学技术近期发展方向的探讨 [J]．硅酸盐学报，1979 (3)：262-270.

[52] 朱明星．混凝土砌块堤防护坡施工工艺探讨 [J]．治淮，2005 (2)：33-35.

[53] 郑志禄．混凝土砌块护坡在水利工程中的应用 [J]．中国水运，2011，11 (3)：140-141.

[54] 李晶，汤洋．新型混凝土砌块护坡质量管理的探讨 [J]．治淮，2004 (6)：28-29.

[55] 马丹．浅谈开孔垂直联锁混凝土砌块在临淮岗工程中的应用 [J]．治淮，2014 (5)：35-36.

[56] Ahrens J P，Heimbaugh M S. Seawall Overtopping Model [C]//Coastal Engineering (1988). ASCE，2012：795-806.

[57] 陈国平，余广明，章家昌．平台高程与宽度对不规则波爬高的影响 [J]．海洋工程，1992，10 (4).

[58] 程时长，李良文．鄱阳湖的风情及风浪特性 [J]．海洋湖沼通报，1993 (4)：1212.

[59] 李建习，沈小雄，赵利平，等．影响库区波浪爬高因素的分析 [J]．水电能源科学，2007，25 (5).

[60] 孙东亚，丁留谦，姚秋玲．关于改进我国堤防工程护坡设计的建议 [J]．水利水电技术，2007 (2)：46-48.

[61] 李明霞，侯维红．双膨胀源膨胀剂在工程中的应用研究//第七届全国混凝土膨胀剂学术交流会论文集 [C]．中国混凝土与水泥制品协会膨胀混凝土分会：中国硅酸盐学会，2018：6.

[62] V. Corinaldesi，A. Nardinocchi，J. Donnini. The influence of expan-

sive agent on the performance of fibre reinforced cement - based composites [J]. Constr. Build. Mater. 2015 (91): 171 - 179.

[63] R. Polat, R. Demirbogă, W. H. Khushefati. Effects of nano and micro size of CaO and MgO, nano - clay and expanded perlite aggregate on the autogenous shrinkage of mortar [J]. Constr. Build. Mater. 2015 (81): 268 - 275.

[64] Z. Jia, Y. Yang, L. Yang, et al. Hydration products, internal relative humidity and drying shrinkage of alkali activated slag mortar with expansion agents [J]. Constr. Build. Mater. 2018 (158): 198 -207.

[65] 牛冬瑜，韩森，李星，等. 掺外加剂沥青砂浆的力学性能 [J]. 交通运输工程学报，2016，16 (3): 8 - 16.

[66] 王旭君，饶艳，魏继中，等. 连锁反滤凹槽混凝土预制块结构的改良设计 [J]. 人民长江，2012，43 (S1): 22 - 24.